COLEÇÃO

FILÓSOFOS DO NOSSO TEMPO

TEORIA EVOLUCIONISTA: GENEALOGIA DO RACISMO E DO NAZISMO

Tese de Doutorado

CLEBERSON EDUARDO DA COSTA

COLEÇÃO

FILÓSOFOS DO NOSSO TEMPO

TEORIA EVOLUCIONISTA: GENEALOGIA DO RACISMO E DO NAZISMO

Tese de Doutorado

CLEBERSON EDUARDO DA COSTA

ISBN: 9781716469718

Título: TEORIA EVOLUCIONISTA: GENEALOGIA DO RACISMO E DO NAZISMO (tese de Doutorado)

Créditos

By Cleberson Eduardo da Costa all copyright

Idealização e coordenação: Atsoc editions - editora

Capa: Atsoc editions - editora

Revisão: Atsoc editions - editora

Projeto gráfico: Atsoc editions - editora

Direção de arte: Atsoc editions - editora

Digitação: Atsoc editions - editora

Editoração eletrônica: Atsoc editions - editora

Fotolitos de capa: Atsoc editions – editora

Dados internacionais para catalogação na fonte de todos os direitos autorais, RJ,

Costa, Cleberson Eduardo da./ Teoria evolucionista: genealogia do racismo e do nazismo (tese de doutorado)./Cleberson E. Da Costa, Atsoc Editions: Rio de janeiro, 2020.

1. Filosofia; 2. Antropologia; 3. Sociologia 3. Política; 4. Pedagogia/EJA; 5. Teoria evolucionista: genealogia do racismo e do nazismo. I título.

Agradeço a todos aqueles que, direta e/ou indiretamente contribuíram para a realização deste trabalho.

RESUMO/SUBSTRACT

A mesma sociedade antropocêntrica humanista-renascentista e capitalista-burguesa que preconiza que todos os homens são iguais, descendentes de uma mesma árvore genealógica (Homo Sapiens), de forma ideológica, paradoxalmente, também sistematiza a ideia de que os homens de Cultura e/ou origem dita Europeia e/ou Norte Americana são mais "evoluídos", aos moldes do Darwinismo social, e, por isso mesmo, também mais inteligentes, prósperos, abençoados e/ou afortunados do que àqueles de culturas Africana, Latino-americana, Asiática, etc.).

O livro, epistemologicamente fundamentado, traz uma crítica (radical e de conjunto) à ideologia do racismo e nazismo de caráter antropológico-cultural, ou seja, problematiza à retórica evolucionista, e também a Darwinista (e eugênica) que, no mundo ocidental, é rechaçada no plano biológico-genético, mas, ao mesmo tempo, ideologicamente sistematizada, louvada e/ou agraciada nos aspectos antropológico-culturais, visando-se justificar as desigualdades sociais extremas provocadas pelo capitalismo global.

Na primeira unidade, problematizam-se os aspectos xenófobos etc. presentes nas diferentes culturas, procurando levantar os paradoxos e as diferenças entre educação e cultura, dentro do contexto dos processos de socialização (institucionalizados ou não). Ou seja, a partir de questionamentos acerca dos processos de endoculturação e/ou socialização, problematiza-se o caráter paradoxal das culturas (ao mesmo tempo formador e deformador).

Na segunda, propõem-se alternativas para a educação no séc. XXI, em oposição à formação Nazista-cultural e/ou de cunho Eurocêntrico-norte-americano que historicamente tem sido sistematizada globalmente, culminando, por exemplo, na formação de indivíduos psicopatas e genocidas e/ou biocidas potenciais (seres destituídos de compaixão etc., no sentido de

Schopenhauer). Esperamos que esse livro possa de alguma forma contribuir à formação de uma geração mais criticamente consciente de si e de mundo, intelectualmente emancipada, respeitosa das diferenças, solidária, fraterna etc.

O autor

Sobre a Coleção

"FILÓSOFOS DO NOSSO TEMPO"

Há algum tempo tivemos a ideia de realizarmos uma criteriosa análise em relação a obras que chegavam às nossas mãos pleiteando publicação e, assim, escolhendo as melhores, publicá-las, autor por autor, algumas em edição bilíngue, numa coleção chamada "FILÓSOFOS DO NOSSO TEMPO". E hoje ela finalmente está aí, trazendo o melhor dos filósofos contemporâneos para vocês. A cada nova publicação ou edição, temos descoberto excelentes pensadores. Filósofos que possuem não somente excelente formação, mas também a capacidade de, com as suas ideias, nos fazerem pensar de maneira crítica, dando-nos a possibilidade de compreendemos e resolvermos de maneira mais eficiente e eficaz os problemas do nosso tempo.

Se você acredita ser também um "filósofo do nosso tempo", envie-nos seus textos para análise.

Os editores

SOBRE O AUTOR

Cleberson Eduardo da Costa (mais de 100 livros publicados, muitos deles traduzidos para outros idiomas), natural do Rio de Janeiro, é graduado pela UERJ (Universidade do Estado do Rio de Janeiro/1995-1998), Pós-graduado em educação (UCAM – Universidade Candido Mendes), Pós-graduando em Filosofia e Direitos Humanos (UCAM – Universidade Candido Mendes), Mestre e Doutor (livre) em Filosofia do conhecimento (epistemologia) e Pedagofilosofia Clínica (FUNCEC - pesquisa, ensino e extensão), Pesquisador, Professor universitário, Especialista em metodologia do ensino superior, Licenciado em Fundamentos, Sociologia, Psicologia e Filosofia da educação, Didática, EJA (educação de Jovens e adultos) etc.

Além disso, foi aluno Especial do Mestrado em Educação(1999-2001/PROPED/UERJ), matriculado, após aprovação em concurso, nas disciplinas [seminários de pesquisa] "ESTATUTO FILOSÓFICO" (ministrado e coordenado pela professora Drª Lilian do Valle); e "POLÍTICAS EDUCACIONAIS NO BRASIL E NA AMÉRICA LATINA" (ministrado e coordenado pelo professor Dr. Pablo Gentili).

Estudou também no curso de MBA em Gestão Empresarial pela FUNCEFET/RJ/Região dos Lagos (2003-2005); no curso de Pós-Graduação em Administração e Planejamento da Educação pela UERJ (1999-2000); e realizou vários cursos livres e/ou de aperfeiçoamento nas áreas da filosofia e da psicanálise por instituições diversas, entre elas a FGV (Fundação Getúlio Vargas) e a SBPI (sociedade brasileira de psicanálise integrada).

De 1998 a 2008, atuou como professor de ensino superior (Instituto Superior de Educação da UCAM/universidade Cândido Mendes) nos campus universitários de Niterói, Nova Friburgo, Araruama, Rio de Janeiro, Teresópolis, Rio das Ostras, etc.

Participou (em sua trajetória profissional e/ou intelectual acadêmica) de diversas pesquisas, como, por exemplo, o projeto UERJ-DEGASE, relativo à (EJA) e também em pesquisas centradas em problemáticas políticas, filosóficas e pedagógicas com professores renomados, como Pablo Gentili (UERJ/CLACSO), Cleonice Puggian (UNIGRANRIO), Carla Imenes (UEPG), Cristiane Silva Albuquerque (UERJ), Marco Antonio Marinho dos Santos (OCA/RJ) entre muitos outros.

Atualmente dedica-se à docência universitária; a pesquisas em educação; a consultorias relativas à educação, no sentido do aprimoramento, da superação e do desenvolvimento humano; à realização de palestras acadêmicas e multiorganizacionais; e à produção de obras nos mais diversos campos do saber.

CONTEÚDO

PARTE I

I CAPÍTULO – A RETÓRICA RACISTA E NAZISTA DE CUNHO ANTROPOLÓGICO-CULTURAL

I

No final do século XIX, Edward Tylor (1832-1917), sintetizando o termo Germânico "Kultur", que era utilizado para simbolizar os aspectos espirituais de uma sociedade, e o termo Francês "civilization", que se referia às realizações materiais de um povo, chegou ao vocábulo Inglês "culture", definindo _cultura_ como:

> "Todo o complexo que inclui conhecimentos, crenças, arte, moral, leis, costumes ou qualquer outra capacidade ou hábitos adquiridos pelo homem como membro de uma sociedade e/ou comunidade". (1871 – Primitive Culture)

Portanto, em sentido geral, _"cultura são modos de vida e manifestações de um povo"_, de *um grupo, de uma coletividade, de uma sociedade, etc.* e, nesse sentido, como existem diferentes povos ou sociedades, existem também múltiplas e diferentes culturas.

Esse conceito de cultura de Tylor, ainda que com algumas variações ou complementações, tem sido utilizado por antropólogos e estudiosos das mais diferentes áreas, dado que Tyler, numa definição mais sintética, conceituou-a também como sendo ***"tudo aquilo que independe de uma transmissão genética"*** (p, 88). A partir desses postulados sobre o conceito de cultura, os antropólogos, de uma maneira geral, passaram então a desenvolver suas teorias e/ou pensamentos pautados nos axiomas de que:

1- O homem, dentro da fauna, é o único animal capaz de adquirir cultura (culturas);
2- O homem, pela cultura (culturas), está posto acima das suas imposições orgânicas, ou seja, ele não age por mero instinto e/ou por meio de uma natureza pré-determinada ou acabada como os outros animais.

II

Seguindo linha de pensamento estruturada sob as bases de Tyler, o antropólogo Alfred Kroeber (1876-1960), no artigo "O superorgânico", diz-nos:

Kroeber deixa claro que, ao adquirir cultura (culturas), o homem (homo sapiens), no seu por muitos acreditado processo evolutivo (que supostamente se deu e/ou dá-se sempre a partir de algumas perdas), perdeu parte da sua propriedade animal, aquela geneticamente determinada.

Roque de Barros Laraia, antropólogo brasileiro, a esse respeito, no livro *Cultura: um conceito antropológico*, por exemplo, diz-nos:

> "O homem é o resultado do meio cultural em que foi socializado. Ele é o herdeiro de um longo processo cumulativo, que reflete o conhecimento e a experiência adquirida pelas numerosas gerações que o antecederam." (p, 45.)

III

Em outras palavras, segundo grande parte dos antropólogos da ciência, alguns homens não nascem inteligentes e/ou com certos dons especiais e outros não (exceto em casos ditos excepcionais). Eles são taxativos, por exemplo, em afirmar que, embora exista o *caráter diferencial* **alcançado por meio da aquisição de cultura (das diferentes e hierarquizadas culturas),** "Os homens – no sentido macro e genérico –, são iguais no que se refere às suas naturezas". Segundo acreditam, os homens nascem com os mesmos aparatos físico-biológicos, enquanto estrutura orgânica, para se desenvolverem, e que, todavia, é o processo cultural ou de aquisição de cultura (culturas: endoculturação e/ou socialização) que os diferenciam."

Em outras palavras, conceituando:

> A natureza cria Homo Sapiens, mas para que os homens se tornem indivíduos inteligentes de fato, é preciso que se coloque, ao alcance deles, todos os materiais que lhes permitam exercerem as suas criatividades de maneira criativa ou revolucionária..."[1]

---

[1] In: Cultura: um conceito antropológico. Laraia, Roque de Barros.

II CAPÍTULO – TEORIA EVOLUCIONISTA: DIFERENÇAS ENTRE O PENSAMENTO DE CHARLES DARWIN E JEAN-JACQUES ROUSSEAU

Dando-se sequência aos avanços da ciência – erigida esta a partir dos séculos XVI e XVII com o desenvolvimento do humanismo e do renascimento – e sacramentando a oposição entre ciência e religião e/ou entre o Antropocentrismo e Teocentrismo, respectivamente, Charles Darwin, em 1859, publicou o livro, de bases Evolucionistas, chamado "A origem das espécies", cuja tese central é o postulado de que *o homem evoluiu ou se originou (ainda que não diretamente) a partir da família dos grandes macacos (orangotango, gorila, chipanzé, etc.)*". Charles Darwin, com a publicação da sua obra, todavia, como talvez possam pensar alguns, não trouxe para a comunidade científica de sua época um pensamento integralmente novo (ou original) sobre a temática em questão, mas apenas a sintetização e/ou sistematização de ideias (Evolucionistas) que já faziam parte do imaginário e/ou debate acadêmico-intelectual.

Tanto essa afirmação é verídica que, quase um século antes da publicação da teoria evolucionista de Darwin, Jean-Jacques Rousseau (1712-1778), no livro *"Discurso sobre a origem das desigualdades entre os homens"*, partindo de princípios antropológicos que preconizavam a *"oposição entre natureza e cultura"* nos processos de formação humana, já tinha postulado, por exemplo, não somente que havia um processo de transformação dos seres ditos primitivos para o homem dito civilizado, mas também que *"a cultura seria o que havia possibilitado essa transição"*.

Jean-Jacques Rousseau, todavia, contrariamente, *"chama o que Charles Darwin chamou "evolução" de "mutação", fazendo críticas severas à vida civilizada, em oposição àquela, dita por ele, primitiva, isto é, elevando-se os valores do dito "bom selvagem" (homem primitivo) em oposição aos valores da sociedade moderna (que se erigia sob as bases e princípios do capitalismo).*

Rousseau, ao contrário de Darwin, sendo assim:

1- Ao mesmo tempo em que acreditava no poder da cultura de transformar seres ditos primitivos em homens ditos civilizados (ou ditos mais evoluídos), paradoxalmente:

2- Deixava claro que ele via a aquisição de cultura, ou de dita civilidade, em oposição à natureza humana e/ou à vida primitiva, como algo dotada do que havia ou há de mais nefasto para o próprio homem. Ou seja, como aquilo que, "corrompendo a inocência da sua realidade sensível e/ou dos sentidos, deformava-o, transformando-o, por exemplo, enquanto coletividade, em um ser corrompido e/ou desumanizado porque:

3- Dado à cobiça;

4- À avareza,

5- À luxúria, etc.

Nas palavras do próprio Jean-Jacques Rousseau:

> *"Foram o ferro e o trigo que civilizaram os homens e arruinaram a espécie humana".* (In: Raul Girardet. Mitos e mitologias políticas, São Paulo: Cia das Letras, 1987, p. 109)

III CAPÍTULO – O CARÁTER XENÓFOBO E ETNOCÊNTRICO DAS CULTURAS – Axiomas de Clifford Geertz, Jean-Jacques Rousseau, Claude Lévi Strauss e Ernst Cassirer

I

Quase já ao final do século XX, em 1966, mais de um século depois de Darwin ter publicado a sua obra Evolucionista e, que, inclusive, perdura como postulado da ciência até os dias atuais, Clifford Geertz, Antropólogo Norte Americano, em seu famoso artigo chamado *"A transição para a humanidade"*, chega numa espécie de amálgama entre as ideias de Jean-Jacques Rousseau e a Teoria evolucionista de Charles Darwin, *"reforçando a tese da supremacia da cultura nos processos de formação/evolução e/ou de deformação/mutação humana"*.

Geertz postula que o homem foi originado do Australopiteco, e que este, embora com um cérebro 1/3 menor que o do homem que hoje conhecemos e com uma estatura não superior a 1,20m, já manufaturava objetos, caçava pequenos animais e, apesar de pouco desenvolvido, também já possuía uma linguagem e uma oralidade.

Por outro lado, Geertz também nos chama atenção, ainda que de forma talvez indireta, para o caráter *"Etnocêntrico da cultura e/ou das culturas"*. Para ele, por exemplo, a cultura (ao mesmo tempo em que forma os seres humanos) também transforma-os em seres Etnocêntricos: em homens que não vislumbram a necessidade de respeitarem as diferenças culturais, tornando-se xenófobos, anticosmopolitas, nacionalistas e, nesse sentido, também genocidas ou biocidas potenciais por pura convicção de grupo.

As proposições de Rousseau sobre o duplo caráter da cultura ("socializador e ao mesmo tempo deformador"), como se percebe, ganham força na antropologia de Clifford Geertz, na medida

29

em que, hoje, qualquer pensador crítico não ousaria negar que, toda cultura, é, na verdade, o mesmo que uma espécie de unidade de contrários, isto é, uma junção de:

1- "Formação e Formatação";
2- Socialização e Deformação;
3- Endoculturação e etnocentrismo;
4- Escolarização e desumanização (pela via da incorporação, por exemplo, tempos de globalização da exclusão socioeconômica, dos valores individualistas, meritocráticos e consumistas de coisas e de pessoas do capital).

Nas palavras de Tomazi, sociólogo Brasileiro da nossa era pós-moderna, referindo-se especificamente aos problemas da xenofobia e do etnocentrismo:

> "(...) Cada grupo e/ou sociedade considera-se superior e olha com desdém os outros (pertencentes a grupos diferentes do seu), tidos como estranhos ou estrangeiros (...). Na história não faltam exemplos desse tipo de comparação: na Antiguidade os romanos

chamavam de "bárbaros" aqueles que não eram da sua cultura; no Renascimento, após os contatos com culturas diversas propiciados pela expansão marítima, os europeus passaram a chamar os povos americanos de "selvagens", e assim por diante (...)." (Texto adaptado de: TOMAZI, Nelson Dacio. Sociologia. São Paulo: Saraiva, 2010. P. 174)

Mais adiante, discorrendo ainda sobre esses mesmos aspectos xenófobos e etnocêntricos históricos das culturas, que culminaram em ideologias, políticas e estruturas racistas, etc., Tomazi também nos diz:

> "(...) O etnocentrismo foi um dos responsáveis pela geração de intolerância e preconceito (cultural, religioso, étnico e político), assumindo diferentes expressões no decorrer da história. Em nossos dias ele se manifesta, por exemplo:
>
> *1-* Na ideologia racista da supremacia do branco sobre o negro;
> *2-* Ou de uma etnia sobre as outras.
> *3-* Manifesta-se, também, num mundo que é globalizado, na ideia de que a cultura ocidental é superior, e os povos de

culturas diferentes devem assumi-la modificando suas crenças, normas e valores. (Texto adaptado. P. 174)

II

O Antropólogo Claude Lévi Strauss (1908-2009), de origem Belga, mas que desenvolveu a maior parte dos seus estudos na França, reiterando, do ponto de vista simbólico, também esse mesmo caráter paradoxal das culturas ou da cultura, definiu-a (cultura) como "Um conjunto de símbolos, entre os quais se incluem a linguagem, as regras matrimoniais, a arte, a ciência, a religião e as normas econômicas..." Isto é, *"Como sistemas que se relacionam e influenciam a visão da realidade social e física dos homens de diferentes sociedades"*.

Ernst Cassirer, no seu livro "Ensaio sobre o homem", ainda que seguindo linha de pensamento em certos aspectos semelhante ao de Claude Lévi Strauss, traz um novo olhar em relação a esse paradigma: ele define o homem não somente como um "animal social e político", como fizera Aristóteles, e nem tampouco como um "animal especificamente racional", como fizeram os empiristas e racionalistas, mas, sobretudo, como um *"animal simbólico":* como um ser que somente possui (e/ou que somente consegue desenvolver) um sentido existencial quando está dentro da sua realidade, da sua própria cultura. Nas palavras de Ernst Cassirer:

> "(...) O homem vive em meio a um universo simbólico. A linguagem, o mito, a arte e a religião são partes desse universo. São os variados fios que tecem a rede simbólica, o emaranhado da experiência humana. O homem não pode mais confrontar-se com a realidade frente a frente. A realidade física parece recuar em oposição ao avanço da atividade simbólica do homem. Em vez de lidar com as coisas reais, o homem esta, de certo modo, conversando consigo mesmo. Sua situação é a mesma tanto na esfera teórica quanto na prática. Mesmo nesta, o homem não vive num mundo de fatos nus e

crus. Vive, antes, em meio a emoções imaginárias, em esperanças e temores, ilusões e desilusões, em suas fantasias e sonhos (...)". (texto adaptado. 1997:49)

Como se pode perceber, Cassirer não chega a compreender o homem como um ser completamente incapaz de captar a realidade, como fizera o filósofo Górgias, na Grécia antiga, em seu ceticismo absoluto. Todavia, ele ressalta que *"a condição simbólica do homem", nas sociedades pós-modernas, tem-no impedido de compreender a realidade, na medida em que o mesmo (homem) está sempre correndo o risco de querer fazer do real aquilo que ele quer ver.*

Esse caráter simbólico do homem, segundo Cassirer, seria também a expressão literal e/ou visível do seu Etnocentrismo: *"(...) Exatamente aquilo que lhe dá a ilusão de estar "hiperconsciente" quando, por exemplo, tragicamente, não consegue ver nada de valoroso além daquilo que os seus simbolismos o permitem ver..."*

PARTE II

CRÍTICA À TEORIA EVOLUCIONISTA

IV CAPÍTULO – A IDEOLOGIA DO RACISMO E DO NAZISMO ANTROPOLÓGICO-CULTURAL: PARADOXOS DO POSTULADO EVOLUTIVO – problematizações acerca dos axiomas de Charles Darwin e Clifford Geertz

I

Tanto Charles Darwin quanto Clifford Geertz, além de partirem de postulados Evolucionistas, ou seja, de axiomas que preconizam que o homem, seguindo-se um processo evolutivo, originou-se a partir da mesma família dos grandes macacos (orangotango, gorila, chimpanzé, etc.), também partem de conceitos pautados na ideia de que essa evolução somente foi possível porque, o homem, durante o seu estágio ou condição na escala evolutiva de Australopiteco, diferentemente de todos os outros animais, foi também o único capaz de construir uma linguagem e de desenvolver, na mesma via, também uma oralidade por meio da criação ou aquisição de cultura.

Em outras palavras, Darwin e Geertz:

1- Afirmam, segundo postulados Evolucionistas, que o homem se originou a partir da família dos grandes macacos (chimpanzé, gorila, orangotango, etc.);

2- Afirmam, seguindo suas bases antropológicas, que o processo evolutivo somente foi possível porque, o homem, diferentemente de todos os outros animais, foi e/ou é o único capaz de adquirir cultura e, que, sendo assim, por ser o Australopiteco capaz de adquirir a cultura, é que também se possibilitou chegar ao estágio do homem tal como ele é ou está é nos dias de hoje;

3- Afirmam que o processo evolutivo se deu por meio da construção da linguagem, num processo cumulativo de cultura, que foi sendo passada de geração à geração;

4- Concluem que é ela, a cultura, a única que tem (teve) o poder de transformar seres ditos primitivos e/ou primatas (animais ou seres ditos irracionais ou inferiores) em homens ditos socializados e/ou civilizados (seres ditos racionais ou animais superiores).

A questão básica (dita infantil) que qualquer estudante faria é:

"Se o homem, diferentemente de todos os outros animais, foi ou é o único capaz de adquirir cultura e, que, nesse sentido, foi exatamente essa cultura que fez com que as famílias dos grandes primatas evoluíssem, dando-se origem aos homens, sendo, entretanto, esses mesmos grandes primatas até os dias de hoje considerados seres incapazes de adquirir cultura, como se poderia então dizer que os homens (ditos serem os únicos animais capazes de adquirir cultura) se originaram também, na mesma medida, a partir deles?

A tentativa dos evolucionistas e neoevolucionistas de nos fazerem acreditar que a cultura tenha sido o meio pelo qual os seres das famílias dos grandes macacos puderam ser transmutados em homens, entre outras coisas, revelam que:

1- Há, ainda hoje, uma precária compreensão, mesmo entre alguns Antropólogos, a respeito do que é e/ou foi o processo dito evolutivo, caso ele de fato tenha ocorrido;

2- Há, ainda hoje, uma precária compreensão também do que é a cultura, e mais: do modo como ela opera, tanto nos ditos animais inferiores, quanto no homem; e também no que se refere ao sentido e/ou ao valor dela para o homem;

3- Há uma tentativa descabida (por falta de uma comprovação científica, com base em reprodução laboratorial, etc.) de, a qualquer preço, provar-se a teoria de que o homem realmente evoluiu a partir da família dos grandes macacos por meio da aquisição de cultura; e também a de que, dentro de toda fauna e da vida social, o homem dito civilizado ou socializado, ou seja, de cultura europeia e/ou norte americana, é de fato um ser superior aos de outros povos e/ou culturas.

Sem querer problematizar demais a questão, mas também fazendo outra indagação que parece infantil e absurda, e que qualquer estudante ou cético-absoluto faria, pergunta-se:

"Se o homem realmente surgiu a partir da família evolucionária dos grandes macacos seguindo um processo adaptativo por meio da aquisição de cultura, e já que, segundo as modernas correntes da Antropologia, essa mesma cultura interfere também no plano biológico, por que é então que, ainda hoje, apesar de serem múltiplas as culturas e de haver instituições especializadas nos processos de socialização, a ciência não conseguiu ou não tem conseguido, em seus laboratórios, espaços sistemáticos de endoculturação, etc., reproduzir esse mesmo dito processo evolutivo, transformando, por exemplo, os grandes macacos que ainda existem em homens ou seres ditos socializados, racionais ou civilizados?"

E mais:

"Se a ciência, a partir dos seus métodos de busca pela verdade, pautados no levantamento de hipóteses e comprovação experimentada, não conseguiu, até os dias de hoje, repetir esse tal processo evolutivo, por que é então que, ainda hoje, se difundem essas teorias evolucionistas como se elas fossem verdades absolutas, isto é, como postulados científicos?"

O que se pode dizer, diante da falta de respostas plausíveis por parte dos que defendem ideias evolucionistas, é que é preciso admitir-se que:

"A ciência é, na verdade, somente mais uma das diferentes formas de saber humano; e não "a única"."

Em virtude desses paradoxos evolucionistas, a corrente daqueles que acreditam que ciência, capitalismo, nazismo cultural e Etnocentrismo andam de mãos dadas só tem feito crescer.

Isto é, no mundo contemporâneo, a ciência se tornou mercadológica, utilitarista, mercantilista, alienada e, consequentemente, alienadora, na media em que faz o mundo se curvar diante de especialistas do saber, que só entendem das partes e de mais nada ao mesmo tempo, tornando-se seres incapazes de dialogarem com outras diferentes formas de conhecimento, sistematizando formas dogmáticas de ver e de interagir com o mundo e, portanto, na mesma via, também mercadológicas e/ou comercializáveis.

V CAPÍTULO – AS DIFERENÇAS ESSENCIAIS ENTRE OS HOMENS E OS GRANDES PRIMATAS – PARA ALÉM DA RETÓRICA EVOLUCIONISTA

Os antropólogos da ciência, tentando em vão rebaterem às inúmeras críticas feitas aos postulados evolucionistas, dado que não apresentam fundamentações e argumentos plausíveis para sustentar que o homem de fato se originou a partir da família dos grandes macacos (gorila, orangotango, chimpanzé, etc.) respondem, por exemplo, que:

> **"Os primatas não foram promovidos, da noite para o dia, ao posto de homens, mas que eles, os cientistas evolucionistas, estão "convencidos" de que o "salto da natureza para a cultura", ou seja, dos grandes macacos para o homem, foi contínuo, mas, ao**

mesmo tempo, incrivelmente lento". (in: Roque de Barros Laraia: Cultura - um conceito antropológico)

Frise-se que, no lugar de apresentarem provas concretas (testes, experimentos, reproduções laboratoriais, etc., como preconizam os seus próprios métodos científicos), eles, os antropólogos da ciência ou evolucionistas e neoevolucionistas, apenas dizem que *estão "convencidos".*

O que tais cientistas, porém, não dizem é que, entre a espécie humana e os seus ditos parentes próximos, os grandes primatas (gorilas, orangotango, chimpanzé, etc.), existem diferenças essenciais, ainda que os mesmos, segundo geneticistas, possuam mais do que 90% de semelhanças com os seres humanos. Pensa-se, todavia, assim como demonstrou-nos o filósofo cético-relativo David Hume, que:

1- "Semelhança" não é o mesmo que "igualdade";

2- Assim como "probabilidade" também não é o mesmo que "certeza absoluta"; além disso, como bem esclareceu-nos o filósofo Nietzsche:

3- "**As convicções são mais inimigas da verdade do que as mentiras**".

V.1 - EXPERIÊNCIAS FEITAS COM CRIANÇAS E CHIMPANZÉS

No livro "CULTURA: um conceito antropológico", falando-nos sobre as diferenças essenciais existentes entre homens e grandes primatas, ou seja, deixando evidente os paradoxos do postulado evolutivo, a antropólogo Roque de Barros Laraia nos diz:

> **"Acompanhando o desenvolvimento de uma criança humana e de um chimpanzé, até os primeiros anos de**

vida, não se nota muita diferença: ambas são capazes de aprender, mais ou menos as mesmas coisas. Mas, quando a criança aprende a falar, coisa que o chimpanzé não consegue, a distância entre elas se torna imensa. A criança, através da comunicação oral, vai recebendo informações sobre todo o conhecimento acumulado pela cultura em que vive. Tal fato, associado com a sua capacidade de observação e de invenção, faz com que ela se distancie cada vez mais do seu companheiro de infância." (p. 51)

Continua ele:

"É interessante observar que não falta ao chimpanzé a mesma capacidade de observação e de invenção, faltando-lhe porém a possibilidade de comunicação. Assim sendo, cada observação realizada por um indivíduo chimpanzé não beneficia a sua espécie, pois nasce e acaba com ele. No caso humano, ocorre exatamente o contrário: toda a experiência de um indivíduo é transmitida aos demais, criando assim um interminável processo de cumulação.

Sendo assim, a comunicação é um processo cultural. Mais explicitamente, a linguagem humana é um produto da cultura, mas não existiria cultura se o homem não tivesse a possibilidade de desenvolver um sistema articulado de comunicação oral". (p. 52)

Antes de prosseguirmos, precisamos levantar alguns questionamentos a respeito das proposituras levantadas por alguns Antropólogos sob a perspectiva das supostas diferenças entre homens e primatas, apontadas por Laraia, a saber:

1- Diz-se, como citado, que os homens, diferentemente dos primatas, adquirem cultura porque "todas as experiências dos mesmos" são transmitidas aos demais.

Esse fato, pode-se dizer, não é de todo verdadeiro, uma vez que, nem todas as experiências que o homem, enquanto ser social, tem durante a sua existência, são de fato compartilhadas. Alguns, inclusive, preferem jogar algumas delas no esquecimento (lembrem-se dos povos ou culturas que foram dizimadas, etc.). Por outro lado, aquelas experiências sociais que se tornam objetos de valor cultural, muitas vezes são somente aquelas que trazem também em si algum tipo de poder referente às hierarquias sociais. Ou seja, a história é sempre contada pela ótica daqueles que se mantêm no poder e, nesse sentido, essa transmissão cultural é particularmente ideológica;

2- Diz-se, como citado, que o homem, diferentemente dos primatas, é o único que é capaz de se comunicar por meio do desenvolvimento de uma oralidade.

Essa afirmação é um tanto quanto questionável, uma vez que a linguagem humana é um produto da oralidade humana. Isto é, não há provas de que determinados comportamentos animais, assim como sons e grunhidos por alguns deles emitidos em situações específicas, nos seus grupos, dentro das suas espécies, não configurem, de certa forma, meios reconhecidos de comunicação entre os mesmos, etc. Quem ousaria afirmar que os diferentes animais, dentro das suas espécies, não se comuniquem uns com outros através de uma oralidade e/ou uma linguagem própria? O que se quer dizer é que, segundo Roque de Barros Laraia, o ponto-chave crucial das diferenças entre seres humanos e primatas está sintetizado na capacidade de comunicação e oralização que os homens possuem, diferentemente dos outros animais. Ou seja, na linguagem humana, que é um produto da cultura.

3- Diz-se, como citado, que os homens, diferentemente dos primatas e dos outros amimais, é também o único capaz de adquirir cultura e que, ele, na verdade, é tornado homem por causa dela.

Essa terceira proposição pode ser considerada válida também em parte, ou seja, na parte de que o homem é capaz de adquirir cultura. Ou seja, se "cultura são modos de vida e manifestações de um povo ou grupo social, e que são externas à natureza biológica", não importando o seu grau, pode-se dizer também que qualquer animal irracional que se encontre vivendo fora do seu habitat natural ou ecossistemático, sobrevivendo a esses choques ambientais ou sociais, conseguindo se adaptar, ainda que sem o desenvolvimento da oralidade e/ou das formas convencionadas de comunicação dos homens, precisa ter adquirido, em si, um mínimo dessa dada cultura, ainda que esse não possa ser considerado, a priori, um processo sistemático de socialização e/ou de endoculturação, mas apenas de condicionamentos e/ou adestramentos sofridos, como apontados por Pavlov.

Por exemplo, animais que são domesticados, e ou mesmo que vivem em cativeiros, precisam adequar seus comportamentos às situações hostis e diferentes em que estão colocados, fora dos seus ecossistemas e, esse, sem sombra de dúvidas, é também um processo adaptativo, ainda que coercitivo, como a escravidão, as prisões, a exclusão social, etc. dadas historicamente entre os homens, na vida dita civilizada.

Qualquer encontro entre diferentes grupos humanos e/ou mesmo entre diferentes espécies, na maioria dos casos, portanto, gera também uma espécie de choque, seja cultural, seja ecossistemático e, sendo assim, culmina na busca primeira pela tentativa de adaptabilidade (ver Piaget, e mesmo Aristóteles, em seus estudos biológicos, além de psicológicos ou filosóficos respectivamente). Piaget, por exemplo, falando-nos sobre os processos de aprendizagem, discorrendo brilhantemente sobre os, chamados por ele, mecanismos adaptativos ou de acomodação. Um cão, por exemplo, que, desde a tenra idade é criado na companhia de gatos e não de cães como ele, ainda que não venha a miar, ao invés somente de latir, tenderá a latir mais ou menos do que deveria se estivesse se desenvolvido entre os mesmos da sua espécie. No caso dos homens, esse processo é mais agudo, ou seja, indivíduos de uma determinada cultura que, desde o nascimento, são criados em outras, tendem a aprender os modos de ser, de agir e de sentir dessa referida cultura. Todavia, isso não significa dizer que não exista neles uma natureza, mas apenas que a cultura a transcende, criando-se neles também uma condição humana. Em síntese, o que se quer dizer é que, frise-se:

> "Não se acredita que a cultura, assim como qualquer processo adaptativo possa ser capaz efetivamente de transformar seres de uma espécie em outra, mas que, a partir dela, desses choques culturais e/ou de ecossistemas, possam ocorrer aperfeiçoamentos ou não, melhoramentos ou não, decorrentes de socializações, formatações, adestramentos ou aprendizagens na interação entre diferentes."

V.2 - O CARÁTER IDEOLÓGICO DAS CULTURAS

Praticamente todo o arcabouço de argumentos em prol da supremacia da cultura em relação à natureza humana, embora deles eu totalmente não discorde, tem apenas servido, por parte da ciência, para poder sustentar teses e postulados Evolucionistas substanciados na premissa de que o homem se originou da família dos grandes macacos, e a partir da aquisição de cultura.

Entre os Neoevolucionistas, por exemplo, esse axioma sobre o "poder da cultura" é chamado de "sistema adaptativo", no sentido do Darwinismo, e significa, entre outras coisas, o mesmo que: **"Padrões de comportamento socialmente transmitidos que servem para adaptar as comunidades aos seus embasamentos biológicos"** (p, 59 – Cultura: um conceito antropológico).

Para eles, "mudança ou evolução cultural" é, primariamente, um processo de adaptação equivalente à "seleção natural" defendida por Darwin, e, que, segundo a qual, como todos os animais, o homem deve manter uma relação adaptativa com o meio circundante para poder conseguir sobreviver. Ou seja, embora ele, o homem, consiga essa adaptação por meio da cultura, esse processo também é dirigido pelas mesmas regras da seleção natural que governam a adaptação biológica. (B. Megger, 1977)

Como se percebe, na cultura, para os Neoevolucionistas, a ideologia, embora muitos neguem, faz parte da sua essência. Nesse sentido, qualquer definição de cultura que se traduza como "construtora ou formadora" do homem já é, por si só, ideológica e, sendo assim, já que toda ideologia é *invertedora* da realidade, como nos diria Karl Marx, ela é também deformadora. O que os Neoevolucionistas estão dizendo, portanto, é que se um animal – nesse caso o homem – deseja se afastar dos ditos animais inferiores e/ou então da sua condição de primitivo ou primata, referente aos povos ditos primitivos ou aos ditos grandes macacos, ele precisa de cultura; e, sendo assim, já que Ciência e Etnocentrismo andam de mãos dadas, para adaptar-se, para ter sobre si a humanização ou civilidade, o homem precisa adquirir cultura, em especial, nessas sociedades, onde existem hierarquias entre as mesmas, a dita erudita.

Com esse discurso Neoevolucionista se criam e se sistematizam então as chamadas hierarquias entre as diferentes culturas, colocando-se a erudita no topo delas, como ideal a ser perseguido ou como parâmetro avaliativo, e, todas as outras, como as de povos ditos aculturados e/ou pertencentes a tribos ditas primitivas, ou seja, amorfas, pouco desenvolvidas. Por esta via, criam-se e sistematizam-se também as disparidades socioeconômicas postuladas ou justificadas como sendo fruto da dita "falta de cultura erudita", o que, antes, somente era justificada por questões ditas biológicas, genéticas, divinas, etc.

CAPÍTULO VI – A DITA FALTA DE CULTURA ERUDITA COMO JUSTIFICATIVA IDEOLÓGICA DA POBREZA, DO SUBDESOLVIMENTO E/OU DA EXCLUSÃO SOCIAL

A cultura – como postulam os evolucionistas e neoevolucionistas – é exatamente o que se sobrepõe à natureza humana (ou animal), como uma espécie de "qualidade" e/ou diferencial que lhe é acrescentada, permitindo ao homem (ou animal), por meio dela, deixar para traz o seu estado de dito primata ou ser primitivo, rumo a uma valorativa evolução, culminando-se no homem dito "civilizado".

A problemática: existem diferentes culturas, cada uma mais paradoxal, se comparadas com o olhar das outras sobre a sua e, nesse sentido, pode-se dizer também que cada cultura busca ser e é também mais etnocêntrica do que as outras, na medida em que se julga melhor e mais correta, dando-se origens, assim, nas sociedades pós-modernas, a:

1- Apartheids intelectuais, sociais, raciais, etc.;

2- Xenofobismos;

3- Genocidismos, etc.;

4- Conflitos armados, até mesmo entre os ditos povos religiosos, travados estes, muitas e não raras vezes, em nome de ditos deuses.

Em outras palavras, a aquisição de cultura (não confundir-se com um processo educativo) afasta os homens de diferentes culturas daquilo que, de fato, essencialmente, os unem:

> "As suas unidades biológicas, enquanto pertencentes à espécie "homo sapiens", tirando deles as suas capacidades de se reconhecerem socialmente uns nos outros, isto é, transformando os diferentes culturais em uma espécie de estranhos, de inimigos potenciais, desenvolvendo-se, assim, posturas e sentimentos não generosos e antifraternos uns para com os outros..."

Na vida concreta, o que os diferentes povos chamam de cultura, portanto, são modos:

1- Particularistas,
2- Nacionalistas,
3- Xenófobos,
4- Dogmáticos,
5- Paradigmáticos,
6- Ortodoxos e, nesse sentido, também...
7- Disparatiosos de ver,
8- De estar,
9- De sentir e...
10- De interagir com o mundo de diferenças que lhes circundam.

Dentro de cada uma das diferentes culturas, das suas comunidades, dos seus grupos sociais, todos aqueles que aceitam passivamente os seus modos de ser, de agir e de sentir são considerados sãos e, os contrários, numa outra via paradoxal:

1- Seres ditos patológicos,
2- Aberrações,
3- Distorções,
4- Marginais,

5- Estranhos (estrangeiros).

Grande parte dos Evolucionistas e dos Neoevolucionistas, sejam eles propriamente Liberais ou não, com suas definições de cultura, colocam o homem como um mero produto dela, postulando-se, inclusive, que essa dita cultura, devido aos seus supostos poderes místicos, mágicos ou míticos, foi a responsável pela promoção da evolução dos primatas, ou seja, que ela os tirou da condição de animais ditos inferiores para a de homens, de seres ditos superiores. E mais: que a cultura os livrou das suas naturezas humanas, instintivas, colocando-os, através de uma condição humana, sob os "auspícios maravilhosos do exercício da razão". Todavia, pode-se dizer, há um grande paradoxo: cultura, como os próprios Neoevolucionistas definem, "são modos de vida e manifestações de um povo, ou seja, está envolta por hábitos, por aquilo que, necessariamente, na maioria das vezes, não está especificamente no plano das estruturas sociais, da consciência, mas fora delas, no plano das superestruturas, ou seja, da inconsciência, sob a forma de costumes.

Tanto essa proposição é compreensível que, quando à luz da consciência e da razão, estudamos os nossos hábitos e também os diferentes hábitos dos diferentes povos e culturas, conseguimos – em muitos e não raros casos – entender porque é que os diferentes povos, muitas vezes, entram em conflitos também armados, cada um defendendo os seus diferentes interesses, motivados pela preservação dos seus dogmas, valores, etc.

Confúcio, IV séculos antes de Cristo, estava certo ao compreender a cultura como sendo também constituída por hábitos, ao escrever:

> **"A natureza dos homens é a mesma, são os seus hábitos que os mantêm separados".** (p. 10)

Até mesmo Heródoto (484-424 a.C), historiador grego, ao considerar as diferentes nações de mundo, afirmou:

> **"Se oferecêssemos aos homens a escolha entre todos os costumes do mundo, pedindo para que eles escolhessem aqueles que lhe parecessem melhor, eles examinariam a totalidade e acabariam preferindo os seus próprios costumes, tão convencidos estariam de que os seus são melhores do que os dos outros".** (p. 11)

Por essa mesma via seguiu Tácito (55-120), cidadão Romano, falando das diferenças entre as antigas tribos Germânicas; e também Marco polo, viajante Italianos que visitou a China e parte da Ásia entre 1271 e 1296, descrevendo os diferentes costumes dos Tártaros. Até mesmo o padre José de Anchieta (1534-1597) se surpreendeu com os costumes patrilíneares dos índios Tupinambá, que têm como parentesco verdadeiro só os que vêm da parte dos pais e não das mães. Mesmo Montaigne

(1533-1572), procurando não se espantar com os costumes dos Tupinambás, tomado por uma consciência de relativismo cultural, escreveu:

> **"Cada qual considera bárbaro o que não se pratica na sua terra... estimo que seja mais bárbaro comer um homem vivo do que o comer depois de morto. E é pior esquartejar um homem entre suplícios e tormentos e o queimar aos poucos, ou entregá-lo aos cães e porcos, a pretexto de devoção e fé como o lemos e vemos ocorrer entre os vizinhos nossos conterrâneos..."** (p.13)

Como se percebe, a cultura, ainda que nos dias de hoje tenha um conceito mais complexo, ela deve ser entendida também no plano dos costumes, dos hábitos e, portanto, nesse sentido, no plano da inconsciência ou irracionalidade.

Logo, como fazem os evolucionistas e neoevolucionistas, afirmar que a cultura foi a responsável pelo processo de evolução da família dos grandes primatas para o homem, dado que não existem somente diferentes culturas, mas também hierarquias entre elas, fundamentadas em seus diferentes etnocentrismos, não faz com que as sociedades contemporâneas abandonem teses ou teorias inatistas que pregam a supremacia de uma raça em relação a outras, mas apenas que transportem essas mesmas hierarquizações, racismos, apartheids, xenofobismos, etc. para o plano das justificativas (agora, no alvorecer do século XXI) dadas a partir do plano cultural (e não biológico).

A dita falta de cultura erudita, genocidamente, foi e ainda hoje tem sido utilizada pelas elites econômicas para justificarem a exclusão social, as hierarquias sociais e, no sentido macropolítico, também o dito subdesenvolvimento de algumas nações, caracterizadas estas como sendo de ditos povos bárbaros, aculturados e/ou primitivos.

CAPÍTULO VII - A CONFUSÃO (IDEOLÓGICA) DO ACESSO À CULTURA COMO SENDO O MESMO QUE UM PROCESSO DE EDUCAÇÃO

Os evolucionistas e neoevolucionistas, segundo Roque de Barros Laraia, no livro *"Cultura: um conceito antropológico"*, como anteriormente por nós citado, **"estão totalmente convencidos de que as diferenças significativas entre os homens não são genéticas, mas culturais"**. O antropólogo Felix kissing, seguindo a mesma linha, escreveu:

> **"Não existe correlação significativa entre a distribuição de caracteres genéticos e a distribuição de caracteres culturais. Qualquer criança humana normal pode ser educada em qualquer cultura, se for colocada, desde o início, em situação conveniente de aprendizagem".** (p. 17)

Como se pode perceber:

> **"Confunde-se "aquisição de cultura" e/ou acesso à cultura como sendo o mesmo que um "processo de educação".**

E mais:

> **"Coloca-se a cultura como determinadora, caso haja, das supostas diferenças genéticas e também das diferenças socioeconômicas e, sendo assim, como existem diferentes e hierarquizadas culturas, algumas delas, as ditas melhores, são instituídas e sistematizadas também como parâmetro para as demais, transformando-se, nas sociedades capitalistas contemporâneas, por exemplo, meros saberes culturais em produtos enlatados de consumo, que passam a ser vendidos para os ditos bárbaros como produtos de "educação"".**

Por exemplo:

> **"Hoje, no alvorecer do século XXI, contrapondo-se aos preceitos racistas e nacionalistas do Nazismo, não se admite falar em supremacia de uma raça em**

relação a outras, mas, por outro lado, comete-se o mesmo disparate quando se diz, por exemplo, no sentido micro, que alguém é mais culto do que o outro, ou, então, no sentido macro, que indivíduos de culturas Europeia e/ou Norte Americanas são mais desenvolvidos e/ou melhores do que os de outras nações e continentes, como as Africanas, Latinas, Asiáticas, etc."

Tem-se usado os termos "evolução/evoluído, cultura/endoculturação, civilização e/ou civilizado como sinônimos de "Educação" e, ainda mais, como tradução e/ou significado de um estado humano melhor para o homem do que o da sua condição anterior de primata, homem primitivo e/ou ser dito animal pré-racional.

Criar hierarquias entre as culturas é visto pelos escravocratas pós-modernos como mais rentável (para os que se dizem civilizados) do que sustentar hierarquias inatistas, racistas, advindas de caracteres genéticos. Hoje, a dita falta de "cultura erudita" pode justificar, sem ser questionada, qualquer espécie de desigualdade provocada pelo capitalismo. Ao questionar-se a exclusão social de muitos, em escala global, provocada pelo capitalismo, eles dizem que a cultura está disponível (como produto) para o alcance do sucesso, para os ditos aculturados, para os ditos de modos de vida bárbaros ou tupiniquins, ou seja, para aqueles que as elites dizem não terem berço, inteligência, civilidade, etc.

Em países com históricos de escravidão, como o Brasil, por exemplo, as elites culturais transformaram suas culturas em sinônimos de educação, ou seja, em sinônimos de algo que os excluídos sociais não têm e que, caso queiram sair da condição de exclusão ou primitivismo, precisam ter.

Esse tem sido um mecanismo de controle das elites sobre as massas, dos exploradores sobre os explorados, dos escravocratas sobre os escravos. Educar, nessas sociedades, se tornou sinônimo de domesticação, via incorporação da cultura erudita pelas massas, uma vez que, como vimos, na cultura estão (como uma espécie de camisa de força contra a necessidade de revolução ou de transformação social), as forças dos hábitos ou costumes, sintetizados em seus valores.

As elites convenceram os excluídos de que eles precisam de cultura erudita para poderem deixar de ser o que são, todavia, o que se ensina aos excluídos, por meio das ditas instituições educativas, não é propriamente o mesmo saber que é compartilhado pelas elites, mas única e exclusivamente aqueles que, como produtos enlatados, fazem as massas, ao incorporá-los, agirem sem pensar, adestradamente, pela força dos hábitos, pela força dos costumes. Nesse sentido, como já dito, mas que ainda vale aqui redizer:

> "A socialização, endoculturação e/ou
> acesso à cultura não é o mesmo que

educação, uma vez que "educar não é ensinar pensamentos já pensados, mas criar estratégias que permitam fazer com que os alunos possam aprender a pensar, a aprender a aprender", a emanciparem-se intelectualmente".

Da mesma forma:

"Incorporar uma cultura não é necessariamente se educar, mas ser cooptado para não pensar; ser treinado, adestrado para viver sob a força espiritual dos costumes e/ou dos hábitos de um, entre múltiplos, específico grupo sociocultural..."

VIII CAPÍTULO – A FILOSOFIA DOS "ANIMAIS COMPLETOS" – axiomas de Nietzsche sobre a importância da Inocência nos sentidos.

I

Um Ser meramente endoculturado e/ou socializado, dito civilizado, não é o mesmo que um Ser educado. Um Ser que age por meio dos hábitos e/ou dos costumes de uma determinada cultura, age também inconsciente e/ou sonambulamente. Logo, esse não é um ser educado, intelectualmente autônomo, livre; não é um livre-pensador, mas apenas:

1- Um fantoche;
2- Um mero produto da ideologia que se encontra na essência da sua cultura internalizada, assim como dos seus valores e princípios etnocêntricos.

II

Os evolucionistas e neoevolucionistas, todavia, exaltando o caráter dito mágico ou magnífico da cultura (o de poder transformar primatas ou seres ditos primitivos em homens "civilizados"), postulam que se o homem não recebesse cultura também não teria "evoluído", também não teria conseguindo deixar de ser o animal irracional que também traz em si.

Ou seja, **para eles, a cultura é o que torna os homens seres superiores não somente em relação aos outros animais da fauna, mas, dada a hierarquização das culturas por eles ideologicamente criada, também em relação a outros homens.**

Assim como Jean-Jacques Rousseau e muitos outros, o Filósofo alemão Friedrich Nietzsche (1844-1900), no seu livro "Assim falou Zaratustra", esboçando uma crítica radical sobre a cultura e sobre os valores da dita vida civilizada de sua época, escreveu-nos:

"Amo o bosque. É difícil viver nas cidades. Olhai esses homens. Os seus olhos o dizem; nada melhor conhecem na terra do que deitar-se com uma mulher... Eles têm lodo na alma. E coitado se o seu lodo possui inteligência... Se ao menos eles fossem animais completos! Mas, para ser animal completo é preciso "inocência nos sentidos"." (p. 55)

Talvez, nesse momento, esteja-se indagando:

"Ora, se a cultura é o que corrompe os sentidos do homem por meio de processos etnocêntricos, fragmentados, hierarquizados, etc., deveríamos então não mais socializá-los? Deveríamos, por exemplo, acabar com as ditas instituições de socialização, que não os educam, mas apenas os formatam, etc.?

Os evolucionistas e neoevolucionistas diriam que os homens, sem cultura, seriam aberrações, verdadeiros casos psiquiátricos...

O filósofo Nietzsche primeiramente indaga-nos:

"Por causa disso, vos aconselho que mateis os vossos sentidos?". (p. 55)

Em seguida, ele então responde:

"Não... não vos aconselho que mateis os vossos sentidos... "Aconselho-vos a "inocência dos sentidos"". (p. 55)

Em outro trecho, conclui Nietzsche: "O que libertou o teu espírito necessita ainda purificar-se".

O que Nietzsche está nos dizendo é que o homem, tal qual o concebido por uma cultura qualquer, na vida dita civilizada, mesmo quando faz uso da sua inteligência, age etnocentricamente, tornando-se, além de outras coisas, ególatra, xenófobo, ou seja, vive uma espécie de "egocentrismo infantil na fase adulta", corrompendo seus sentidos e, sendo assim, utiliza a sua razão em prol de uma espécie de "arte da transgressão e também de arte racional da dissimulação, tornando-se capaz até mesmo de fazer uso das suas emoções, de forma dissimuladamente racional, para fazer valer as suas vontades e/ou conquistar seus objetivos". A aquisição de cultura, nas suas diferentes facetas, faz com que os diferentes homens, ao incorporarem diferentes culturas, incorporem também diferentes símbolos representativos da realidade, diferentes valores, canalizando os seus sentidos para somente poderem enxergar, como sendo bom ou dito virtuoso, aquilo que sua cultura julga como tal. Por exemplo, nas sociedades ocidentais capitalistas contemporâneas, os sentidos do homem estão corrompidos:

1- Pelo consumismo;

2- Pela luxúria;

3- Pelo individualismo;

4- Pela intolerância, etc., distanciando o próprio homem dito civilizado da condição de "animal completo", ou seja, da condição de homem dotado de *"inocência dos sentidos"*, como defendida por Nietzsche.

Para Nietzsche, as diferentes culturas, nas suas variadas e distintas "línguas do bem e do mal", nas suas diferentes tábuas de valores, impedem os homens de criarem novos valores, de questionarem os valores antigos, tornando-se meros produtos delas e não propriamente produtores e/ou criadores também de cultura, impedindo-os assim, de se superarem; e de se humanizarem de fato.

Pela aquisição de cultura, nas suas diferentes formas e hierarquizações entre elas, o homem se tornou também *o lobo do próprio homem* e é exatamente aí que está sintetizada a ideia da ausência de *inocência dos sentidos* ou de incompletude animal abordada por Nietzsche:

> "O homem, diferentemente dos seres de muitas outras espécies, por meio da aquisição da cultura, faz-se, economicamente falando, deliberadamente predador do próprio homem".

Roque de Barros Laraia, no seu livro Cultura, escrevendo sobre o dito "poder" da cultura, no que se refere a uma espécie de "diferencial" (para ele qualitativo), em relação aos outros animais, nos diz:

> "Um animal frágil, provido de insignificante força física, dominou toda a natureza e se transformou no mais temível dos predadores... tudo isso porque se difere dos animais por ser o único que possui cultura". (p. 24)

Não se prediz, por outro lado que, frise-se:

> "Por causa da cultura o homem se tornou também o mais temível dos predadores e, nesse sentido, também do próprio homem."

Nietzsche fala-nos a respeito da necessidade das "três transformações no espírito humano" (dadas estas entre o camelo, o leão e a criança). Escreveu-nos ele:

> "A criança é a inocência e o esquecimento, um novo começar, um brinquedo, uma roda

que gira sobre si, um movimento, uma santa afirmação". (p.36)

Não são necessárias pesquisas acadêmicas para que se diga que as crianças, principalmente até os dois ou três anos, possuem a "inocência dos sentidos", e por vários motivos:

1- Elas, por ainda estarem em processo de socialização, mesmo quando são repreendidas pelos seus pais ou responsáveis, ainda não conseguem guardar mágoas, rancores, raivas e, com raras exceções, logo em seguida, esquecem-se das situações constrangedoras e/ou conflituosas vividas;
2- Elas, com raras exceções, não fazem acepção de pessoas, ou seja, se elas estiverem diante da possibilidade de começarem uma brincadeira ou atividade lúdica qualquer, interagem com outras crianças, e, mesmo com adultos, não se importando com as suas respectivas etnias, modo como estão vestidas, classes sociais, etc.;
3- Elas são quase sempre questionadoras e curiosas;
4- Elas estão quase sempre procurando desafios, aprender algo novo, etc.

Poderíamos aqui enumerar uma série de exemplos sobre a existência da "inocência dos sentidos" nas crianças. Todavia, o que se quer

IX CAPÍTULO – DIFERENÇAS ENTRE CULTURAS E SABEDORIA

Os evolucionistas e neoevolucionistas postulam que os animais ditos irracionais, exatamente por serem animais e irracionais, não são capazes também de adquirirem cultura.

Pergunta-se:

> "Mas a aquisição de cultura não é o que, segundo eles, por meio da dita evolução (dos grandes macacos para os homens) fez com que os homens se tornassem também seres racionais, ou melhor, dados à sabedoria?"

A nossa outra indagação, nesse sentido, é:

> "A cultura é, de fato, o mesmo que saber ou sabedoria e, na mesma via, o acesso a ela torna os homens também seres mais sábios e/ou ditos inteligentes?"

Como se sabe, em toda cultura estão os seus valores, hábitos e/ou costumes, e não propriamente ações que sejam racionalizadas, ou seja, atos tidos como ações originadas de pura ou ampla sabedoria. Logo, pode-se pensar que esses postulados que os evolucionistas e neoevolucionistas têm sistematizado a respeito dos animais não são de todo verdadeiros, isto é:

> *"Pode-se, por exemplo, imaginar também que os animais ditos irracionais, diferentemente do animal homem, sejam, pelas suas naturezas, "protegidos" ou "blindados" contra o caráter destrutivo, corrosivo e/ou "mutante" das culturas".*

Parte-se do pressuposto de que a natureza é perfeita, completa, na fauna e na flora, no sentido dos seres e/ou "animais completos de Nietzsche", como descrito no capítulo anterior, e que, na mesma via:

1- Os animais (ditos inferiores) não precisam se submeter às "experiências das culturas"; Ou seja:

2- Não precisam se submeter às leis das "ditas sabedorias" (culturais) humanas envoltas em suas hierarquias etnocêntricas.

Abusando-se da redundância:

> "O acesso à cultura não é o mesmo que o acesso à "educação" e, nesse sentido, o acesso à cultura também está longe de ser o que alguns povos entendem e/ou chamam do mesmo que o acesso à sabedoria".

A cultura, ideologicamente, sendo assim:

> "É a irracionalidade, sob a forma de "socialização", que tem o dom ou o caráter de dar aos seus possuidores a ilusão etnocêntrica de que estão agindo sabiamente ou de forma hiperconsciente quando, na verdade, apenas sendo possuídos por ela, pela sua visão cultural dogmática, paradigmática e/ou ortodoxa de ser, de ver, de sentir, de fazer, de pensar, etc., como o "Daimons", dos antigos gregos..."

A cultura, portanto, não passa de um modo paliativo, estranho, fragmentado, fragmentário, impreciso, incoerente e ilógico para o diferente; e lógico somente para o ser que a ela pertence.

X CAPÍTULO - CIÊNCIA, CULTURA ERUDITA E CAPITALISMO

A ciência (saber dito científico) até que tentou encontrar a saída para esse labirinto envolvendo as diferenças entre as diferentes culturas e o problema da sabedoria, mas, ao particularizar-se cada vez mais e ao extremo, criando-se, por exemplo, infinitas linhas de estudo, formando especialistas, isto é, seres ignorantes para compreensão das partes e do todo ao mesmo tempo, ela somente aumentou as paredes do mesmo.

Nas sociedades ocidentais capitalistas contemporâneas, tragicamente, por exemplo, a ciência se transformou no apêndice do capitalismo, dando-se origem às chamadas "Indústrias culturais". Ou seja, a (s) cultura (s), além de não serem sabedorias, além de não serem aquilo que coloca os homens no caminho do "livre exercício do pensar", foram transformadas ainda (por meio dessas "indústrias culturais", em "pseudo sabedorias enlatadas" para poderem ser vendidas e consumidas:

1- Pelos ditos bárbaros;
2- Pelos ditos aculturados;
3- Pelos ditos povos subdesenvolvidos;
4- Pelos ditos tupiniquins.

O consumo do produto-cultura (ou culturas), sabe-se hoje, no mundo dito globalizado, não é o mesmo que o acesso à educação porque distancia os homens:

1- Da fraternidade;
2- Da busca pelo bem comum, além do individual;
3- Do respeito à biodiversidade;
4- Do respeito e/ou da tolerância às diferenças e aos diferentes;
5- Da construção de uma sociedade mais livre e equitativa para todos;

6- Do desenvolvimento da capacidade do homem de aprender a aprender, de aprender a pensar e/ou pensar livremente, além dos paradigmas e das ortodoxias e dogmatismos.

Portanto, os valores dessas sociedades reféns das suas diferentes culturas, ainda que em interação, por meio de ditos intercâmbios culturais, não passam de um amálgama de disparates.

Explico-me: os ditos ou considerados "gênios" dessas sociedades, exercendo a função de prostitutos intelectuais, são somente aqueles que, movidos pela vaidade e pela obtenção de prestígio, poder e/ou valor econômico, desenvolvem armas de destruição em massa, tecnologias e/ou mesmo teorias político-econômicas para que uma dada casta, classe ou grupo sociocultural possa manter o seu status quo, sistematizando-se as desigualdades socioeconômicas em escala global e/ou planetária.

XI CAPÍTULO – O CONCEITO DE "QUALIDADE HUMANA" E/OU "SUPER-HUMANIZAÇÃO"

Supõe-se que um homem qualquer, quando conscientemente um crítico feroz da sua cultura (e, para isso mesmo, detentor do máximo de "educação de qualidade" que se possa obter), entraria num estado de "qualidade humana" e/ou de "super-humanização" em que ele não precisaria e, nesse sentido, também não mais admitiria se deixar "corromper" por meio da absorção, internalização e/ou incorporação, em si, de qualquer cultura que trouxesse, em sua essência, valores ou princípios:

1- Etnocêntricos,
2- Biocidas,
3- Genocidas,
4- Xenófobos, etc.

Pensa-se que ele, esse homem, não sofreria tantos desgastes existenciais, como tem ocorrido na dita vida civilizada, para poder alcançar, de fato, a sua felicidade, a sua paz de espírito. Esse homem compreenderia a sua necessidade real de ter que criar um sentido para sua própria existência.

Quando observamos, por exemplo, os seres que os evolucionistas e neoevolucionistas dizem serem inferiores ao homem, dentro da fauna e flora, percebemos, através de um pouco de reflexão, que esses seres também:

1- São os únicos que não precisam "aprender a viver";
2- São os únicos que não precisam de "experiências culturais" para poderem aprender a viver;
3- São os únicos seres que apenas nascem, sabendo por instinto "como viver" e, sendo assim, ao serem lançados ao mundo:
   a- Apenas vivem;
   b- Realizam-se como o seres que são;

c- E Morrem, dando-se continuidade ao ciclo da natureza.

Ou seja, se as culturas não são nada mais do que diferentes "experiências de vida" para os seres que precisam (devido a algumas incompletudes que lhe são peculiares enquanto espécie) aprender a viver, elas deveriam ser encaradas também, não como "verdades absolutas" e/ou como parâmetros para as outras diferentes culturas, e sim apenas como experiências existenciais.

Se houve um processo de fato evolutivo, pode-se pensar o contrário, isto é, que talvez os grandes macacos (orangotangos, gorilas, chipanzés, etc.), por mais absurdo que isso possa nos parecer, é que de fato tenham "evoluído" a partir dos homens ditos civilizados (corrompidos, inumanos). Talvez os primatas que hoje ainda existem, sejam aqueles seres humanos que, num dado momento da história da humanidade, conseguiram atingir a sua "plena educação".

Talvez os primatas, por terem conseguido atingir a sua "qualidade educacional" (que não é o mero acesso a uma dada cultura), transcendendo o caráter corrosivo e etnocêntrico das culturas, rompendo-se radical e definitivamente com as formas ortodoxas, paradigmáticas e dogmáticas de ver e interagir com o mundo, sejam aqueles homens que, num dado momento histórico, caso tenha havido evolução:

1- Tenham conseguido sair da prisão e/ou do "labirinto das culturas", encontrando uma espécie de fio de Ariadne que os conduzissem para fora dele, tal qual na mitologia grega;

2- Tenham conseguido encontrar o caminho da "sabedoria", aos moldes de Nietzsche, de vida dita instintiva, distanciando-se das diferentes "línguas do bem e do mal";

3- Tenham conseguido encontrar um jeito "naturalmente humano", aculturado, como os ditos animais irracionais, de viverem em harmonia com a natureza, longe da vida dita civilizada, ou seja, sem precisarem de uma cultura para poderem se realizar enquanto seres das suas espécies.

Como se sabe, no mundo dito civilizado, quando os homens nascem e vivem no campo, são logo impelidos pela ideologia do capital a abandoná-lo e irem viver nas grandes cidades; entretanto, quando eles chegam e se estabelecem nas grandes cidades, os sonhos de muitos deles, quando passam por caos existencial ou adquirem posição social e fortuna, passam a ser os de poderem voltar para a vida junto à natureza.

Há ainda o caso daqueles que, tentando contrabalancear a vida dita civilizada com a vida do campo, criam uma segunda residência. Essa pode ser entendida como uma teoria primária de que os homens nunca se encontraram como homens de fato, como "animais completos" de fato, imersos dentro da vida dita civilizada, mesmo aqueles que nasceram nela, crescendo nas grandes cidades. Talvez quando os homens pertencentes às diferentes culturas conseguirem se libertar das suas lentes etnocêntricas e xenófobas sob as quais veem o mundo, quem sabe eles também não caminhem:

1- pela via da busca da "ampla sabedoria";

2- pela via da busca por uma educação de qualidade humana, decidindo-se repensarem os valores dessa dita vida civilizada, procurando voltarem a viver, nesse sentido, também como parte integrante da própria natureza.

Pense-se, por exemplo, em algo que seria dito absurdo. Pense-se que talvez os ditos animais irracionais, como os primatas, por exemplo, sejam os homens que, um dia, por atingirem esse "máximo de qualidade educacional e/ou de sabedoria",

desenvolvendo o máximo das suas inteligências, das suas faculdades e habilidades, decidiram também, a partir daí, num dado momento histórico:

> "Criar "um método", quem sabe "uma pílula", "uma intervenção genética", para poderem neles preservar esse "estado de plenitude" e/ou de "inocência dos sentidos", transformando a si mesmos, por exemplo, em seres ditos animais irracionais, isto é, que não mais precisariam "pensar para poder viver", apenas nascendo, vivendo e morrendo, tornando-se também, nesse sentido, enquanto espécie, seres "blindados" contra qualquer espécie de "interferência cultural" presente nos valores da vida civilizada que lhes pudessem vir a corromper-lhes outra vez".

Pense-se absurdamente mais: que talvez os animais ditos irracionais que conhecemos – no caso dos ditos precursores do homem – sejam antigos homens que, algum dia, longe do caráter etnocêntrico das culturas, por terem atingido o máximo de qualidade educacional e sabedoria, se tornaram também capazes, por meio de métodos artificiais e/ou racionais, de retirarem de si todo arcabouço de culturas existentes, incluindo-se aí a linguagem oral, descobrindo-se que, eles, ao invés de criadores de cultura, estavam somente se tornando meros produtos alienados e minimizados delas (escravos), optando-se, assim, pelo resgate, em si mesmos, da "inocência dos sentidos", construindo-se um processo "involutivo" de autopreservação do homem no seu estado bruto ou primário, ou seja, dito primitivo (instintivo) ou de "animal completo".

Nietzsche, como já dito, mas que aqui ainda se faz necessário redizer, quando fala das **três transformações do espírito** (camelo, leão, criança) , diz-nos que a última fase é exatamente aquela em que se atinge o estado de criança. Também a bíblia, para aqueles que nela creem ou não, quando enuncia as falas de Jesus Cristo, no novo testamento, diz: **"Deixai vir a mim as criancinhas..."**. Além disso, ainda na bíblia, ao falar Jesus aos seus discípulos no sermão da montanha, diz-se:

> *"Somente aqueles de coração puro e/ou limpo é que verão a Deus".*

Apenas como analogia, apenas como recurso didático para o entendimento do assunto aqui abordado, o que se quer dizer é que **talvez esses homens que compreendemos como sendo aqueles que atingiram, em algum momento de suas vidas, essa "qualidade humana", essa "ampla sabedoria", essa "inocência dos sentidos", sejam aqueles que, contrariando os valores da vida dita civilizada, como também contrariando os diferentes valores culturais sistematizados ao longo de toda a história da humanidade, tenham decidido, pela consciência crítica, "involuírem", no** sentido de se proporem a defender causas que contrariavam as tiranias sociais de suas épocas, como nos casos, por exemplo, de Sócrates, Jesus Cristo, Galileu, Gandhi, Martin Luther King, Nelson Mandela e muitos outros.

Muitos desses homens nos fazem pensar sobre as culturas opressoras em que eles viveram e, ao mesmo tempo, do preço que eles tiveram que pagar por simplesmente ousarem pensar diferente dos valores que eram tidos como verdadeiros e/ou absolutos por elas.

XII CAPÍTULO – SE HOUVE UM PROCESSO EVOLUTIVO, A CULTURA – DIFERENTEMENTE DO CASO DOS OUTROS SERES – FOI EXATAMENTE O QUE IMPEDIU O HOMEM DE EVOLUIR.

Caso de fato tenha existido um processo evolutivo, pode-se ainda dizer que, os homens, diferentemente de todos os animais, por estarem presos às ditas verdades absolutas, paradigmáticas e etnocêntricas das suas diferentes culturais, foram os únicos animais que também não se tornaram bilógica ou organicamente melhores do que eram em virtude das supostas intempéries da natureza e etc. que sobrevieram sobre eles.

Explico: **Os homens, diferentemente dos outros animais – caso tenha existido de fato um processo evolutivo, de busca por adequação a novas estruturas socioambientais – criaram meios artificiais de adaptabilidade; e não propriamente**

evolutivos orgânicos e/ou biológicos. Ou seja, por causa das suas culturas (ditas sabedorias), eles, os homens, diferentemente dos outros animais, foram também os únicos a "mudarem, mas sem interna, biológica ou organicamente de fato também mudarem".

Por exemplo, alguns répteis, segundo supõem os evolucionistas, buscaram o refúgio dos ares para poderem superar as difíceis condições de competição existente no solo. Para isso, tiveram que se submeter a intensas modificações biológicas, através de inúmeras gerações. Isto é, segundo os evolucionistas:

1- Perderam escamas e ganharam penas;
2- Trocaram um par de penas por um par de asas;
3- Trocaram um sistema de sangue frio por um sistema de sangue quente, além de outras modificações anatômicas e fisiológicas, isto é, ganhando a locomoção aérea e, ao final, se transformando em aves.

O homem, diferentemente dos outros animais, ditos irracionais, e também dos outros seres, obteve o mesmo resultado, mas **artificialmente**, isto é, nas palavras de Roque de Barros Laraia:

> **"(...) Os homens atingiram também o poder de locomoção aérea... Os nossos meios de voar são exteriores aos nossos corpos... Os pássaros nascem com um par de asas...".**

Problematizando a questão: Se houve um processo evolutivo, o homem sobreviveu, mas, preso às verdades das suas diferentes culturas, sobreviveu também, diferentemente dos outros seres, com um equipamento físico muito pobre, passando a usar a sua dita inteligência ou sabedoria artificial para copiar os seres que eles dizem serem inferiores a eles por não terem racionalidade ou liberdade nem autonomia. Em outras palavras:

1- Os homens criaram aviões, meios de locomoção ou de transporte aéreo (ao invés de desenvolverem asas em seus próprios corpos) e, paradoxalmente, de vez em quando, esses diferentes meios dão defeitos, caem, e morrem centenas de pessoas. E os homens acham isso algo extremamente natural ou normal; algo que ocorre, quase sempre, segundo eles, dentro das probabilidades esperadas, etc.;

2- Os homens criaram navios, submarinos etc., mas, como relata a história, milhares de pessoas já morreram em naufrágios e, nos dias de hoje, ainda continuam morrendo. E os homens também acham isso algo extremamente natural ou normal, isto é, algo que ocorre, ou como mero acidente ou fatalidade, dentro das probabilidades esperadas, etc.;

3- Os homens criaram formas de aumentar a produção de alimentos para a humanidade, mas, a cada dia, em virtude da ganância, do capitalismo selvagem, mais e mais pessoas morrem de fome no mundo (segundo dados recentes da ONU, cerca de 20% da população mundial sobrevive com menos de um ou dois dólares por dia, e não somente em países pobres).

Poderíamos, aqui, enumerar uma série de criações ou invenções humanas que não passam de cópias bizarras da natureza (da fauna e flora), ou seja, do mundo das espécies ditas por eles inferiores.

Dentro desse contexto, reitera-se: se houve um processo realmente evolutivo, os homens, presos às suas diferentes culturas, ditas por eles sabedorias, presos às verdades delas, saíram do processo dito evolutivo exatamente os mesmos e/ou então piores do que eram (diferentemente dos outros seres, que supostamente evoluíram orgânica e/ou biologicamente).

Os homens, por meios das suas diferentes culturas quiseram, e ainda hoje querem, ser sempre eles mesmos: os mesmos sempre. Isto é, presos às suas culturas, eles não buscaram e não buscam mudanças significativas para o desenvolvimento da própria espécie, e nem tampouco de si mesmos enquanto seres individuais. Eles estão, até hoje, compromissados com a criação e ampliação de um mundo artificial que, na grande maioria das vezes, quando traz alguns benefícios para a humanidade, causam-lhes também os inúmeros e conhecidos efeitos colaterais. Mesmo que tenha ocorrido um processo evolutivo, o homem, interna ou biologicamente, por exemplo:

1- Não se tornou capaz de correr feito um antílope;

2- Não desenvolveu a força de um tigre;

3- Não desenvolveu a acuidade visual de um lince;

4- Não desenvolveu as dimensões de um elefante.

Muito pelo contrário, o homem, ao invés de se desenvolver enquanto ser biológica e/ou organicamente, como os ditos outros seres, caso de fato tenha ocorrido um processo evolutivo, tornou-se copiador de características dos outros seres, e, o pior: até hoje tem se orgulhado disso e dito a sua espécie que isso é "sinônimo de inteligência e/ou mesmo de ampla sabedoria".

Na verdade, os homens ditos primitivos sempre se utilizaram, para tentarem melhor viver, de alguma tecnologia, como, por exemplo, para aprimorarem a caça, a pesca e etc., mas não faziam abuso nem da criação e nem tampouco do uso delas.

O homem primitivo era capaz de enfrentar o mar e pescar um peixe com poucos recursos e, mesmo quando utilizava um artefato qualquer, ele tinha uma visão tão ampliada e uma experiência adquiridas que lhe faziam, por exemplo, saber a real posição de um peixe dentro da água.

O uso das tecnologias não lhe entorpecia os sentidos, os instintos, impedindo-o de se desenvolver e nem tampouco as coisas que criava se tornavam uma ameaça para o seu grupo social:

não vinham com bulas de contra indicação ou efeitos colaterais.

Os homens, nas sociedades contemporâneas, ainda hoje, "querem mudar sem biológica e/ou internamente mudarem"; eles não querem de fato evoluir, caso de fato tenha existido um processo evolutivo, ou melhorarem, e nem se desenvolverem também organicamente, enquanto espécie, mas apenas artificialmente.

Em síntese, se houve de fato um processo evolutivo, os ditos animais inferiores ou irracionais, que até hoje não precisam pensar para viver, saíram interna, biológica ou organicamente dele melhores do que quando nele entraram, e o homem não.

XIII CAPÍTULO – CULTURAS: AS DIFERENTES ÁRVORES DOS DIFERENTES CONHECIMENTOS DO BEM E DO MAL

Segundo Edward Tylor (1832-1917):

> "Cultura é mesmo que todo o comportamento aprendido, ou seja, tudo aquilo que independe de uma transmissão genética". E mais: ***"O homem é o único ser possuidor de cultura"***.

Sabe-se, todavia, que toda cultura é, também, em sua essência, etnocêntrica, o que equivaleria dizer que, toda cultura, não somente condiciona, mas também determina, com base em si própria, em seus valores, de forma paradigmática, a visão de mundo do homem sob os aspectos que ela, essa mesma cultura, considera que devem e/ou que não devem ser caracterizados como "bem e/ou o mal", "justos e/ou injustos", etc. Sendo assim, tal qual nos diria Nietzsche, como existem diferentes culturas, existem também diferentes línguas e, na mesma medida, diferentes concepções culturais etnocêntricas a respeito daquilo que é dito ou considerado bem ou mal. Por esta via, nem de longe os valores e/ou princípios de uma específica e dada cultura podem ser compreendidos, de forma a priori, como "sabedoria", no sentido epistemológico da palavra.

"Sabedoria", diferentemente de "conhecimentos do bem e do mal" (culturas), é algo que nasce do uso metódico da razão, buscando-se uma unidade correlativa e crítica entre as partes e o todo no ato de conhecer e, sendo assim, é também o que liberta o homem dos comportamentos alienados, adestrados, convencionados, oriundos de hábitos e/ou de costumes, caracterizados estes por conceitos e/ou comportamentos éticos e morais particulares, incorporados durante os processos de socialização ou endoculturação. Tanto os homens, de forma particular, quanto os diferentes grupos sociais, muitas vezes em busca do encontro da sabedoria, confundindo-se "sabedoria" com o "conhecimento do bem e do mal", constroem os seus próprios conhecimentos do bem e do mal, como se fossem estes verdades absolutas, sinônimos de ampla sabedoria, sem saberem, por exemplo, que:

> **"Qualquer tipo de "conhecimento do bem e do mal" (culturas), seja ele de povos e/ou de grupos ditos superiores ou não, é exatamente aquilo que distancia os homens da ampla sabedoria..."**

As várias "línguas e/ou culturas do conhecimento bem e do mal" nada mais são do que uma tentativa disparatiosa que cada comunidade e/ou grupo social, historicamente, encontrou para querer se legitimar sobre os outros grupos diferentes dos seus, colocando-se como parâmetro, como detentores dessa ampla sabedoria, já que a sabedoria, em sentido macro, é também o mesmo que Poder e, consequentemente, o que liberta os homens.

Em outras palavras, o surgimento das varias línguas do bem e do mal (culturas), culminaram numa prisão desses mesmos povos às suas normas, valores e/ou princípios, uma vez que grande parte deles – ainda hoje – acredita, dogmaticamente, que as suas ditas línguas do bem e do mal (culturas) são, de fato, o mesmo que sinônimos de verdade.

A busca pela "ampla sabedoria", embora desconheçam muitos, sendo assim, é mais antiga do que se possa imaginar. Entrando-se no terreno da teoria Criacionista, por exemplo, segunda relata a bíblia, livro do Gênesis, Adão e Eva foram expulsos do paraíso porque, mesmo depois de advertidos pelo Criador de que "se comessem da árvore do conhecimento do bem e do mal eles morreriam", ainda assim, eles dela comeram. Adão e Eva somente comeram da tal árvore do conhecimento do bem e do mal porque, segundo eles, algum tempo depois da advertência recebida, a serpente contrariamente lhes disse que eles não morreriam se dela comessem, mas que seriam também como o próprio Deus, isto é, tornar-se-iam oniscientes, sábios, etc.

Vejamos, livro de Genesis, capítulo 2, versículo 17, as palavras do Criador para Adão e Eva:

> **"Da árvore do conhecimento do bem e do mal não comerás, porque no dia em que dela comerdes certamente morrerás...".**

Segue-se a narrativa, após a mulher ter sido tentada pela serpente:

> **"Viu pois a mulher que a árvore era boa para comer, e que era agradável aos olhos, e cobiçável para alcançar a sabedoria, tomou do seu fruto e comeu.**

Após comerem do fruto dito proibido e terem adquirirem o tal "conhecimento do bem e do mal" (cultura), note-se, eles também:

1- Perderam a "inocência dos sentidos", ou seja:

2- Passaram a determinar o que eram, aos seus modos, aos seus olhos, o dito bem ou mal.

No mesmo livro, a narrativa conclui-se:

"Então, os olhos de ambos foram abertos, e conheceram que estavam nus. E coseram folhas de figueira e fizeram para si cintas." (cap. 3 v. 7)

Historicamente, os homens de diferentes grupos sociais e/ou culturas, na busca pelo alcance da sabedoria, confundindo-se sabedoria com cultura ("conhecimentos do bem e do mal"), têm se especializado em construírem, sistematizarem, mercantilizarem e eternizarem, sob as suas diferentes línguas, os seus diferentes "conhecimentos do bem e do mal" – como se estes fossem verdades absolutas e/ou sinônimos de "sabedoria".

Quando as crianças vão sendo socializadas por meio das diferentes culturas (com esses diferentes*conhecimentos do bem e do mal")*, como se isso fosse educação (e/ou aquisição de *"ampla sabedoria")*, elas vão se tornando também:

1- Maniqueístas;
2- Etnocêntricas;
3- Xenófobas e, ao mesmo tempo,
4- Desenvolvendo mecanismos coercitivos internos para poderem julgar tanto as suas ações quanto as dos outros, utilizando como parâmetro:
5- Os valores das suas diferentes "línguas de conhecimentos do bem e do mal", como se elas estivessem também, assim,
6- Além de agindo com "ampla sabedoria", de forma hiperconsciente, perdendo, todavia, nesse processo de "endoculturação" ou socialização, a sua *inocência dos sentidos*.

Destituídos da inocência dos sentidos, como postulado por Nietzsche, os homens, diante dos diferentes, quando em coletivo maior, com raras exceções, tornam-se não somente maus, mas também perversos, seja com a prática de escárnios, deboches, seja com atitudes racistas, xenófobas, genocidas, etc.

O "conhecimento do bem e do mal" (cultura etnocêntrica, dita melhor ou superior), alienadamente compreendido por muitos como sendo educação, sabedoria ou verdades, faz com que homens se tornem psicopatas ou sociopatas potenciais.

Ou seja, faz com que as pessoas sejam capazes de gerarem o sofrimento alheio (dos diferentes) sem terem a capacidade de nutrirem qualquer sentimento de culpa, remorso e/ou arrependimento, crendo-se, inclusive, que suas ações estão corretas quando, guiados pelos valores das suas diferentes culturas, agem de forma xenófoba, intolerante, violenta, e biocida ou genocida. Os diferentes "conhecimentos do bem e do mal", culturas, sendo assim, fazem com que os homens percam a "inocência dos sentidos". Voltando-se à bíblia, livro de Mateus, nas palavras de Jesus Cristo, novo testamento, diz-se:

> **"Se os teus olhos forem maus, todo o seu corpo será mau; se os teus olhos forem bons, todo o seu corpo será bom...".**

Nietzsche, discorrendo a respeito daqueles que, ditos detentores da "ampla sabedoria", da verdade, mas na realidade alienados pela via da incorporação, em si, dos valores do conhecimento do bem e do mal e, que, inclusive, julgam-se bons e justos, em oposição aos diferentes, mesmo depois de terem cometido atrocidades e genocídios movidos pelo ódio e pelo desejo de catequização dos considerados por eles "não iguais", diz-nos:

> **"Vede os bons e justos! A quem eles odeiam mais? Aqueles que lhes**

despedaçam as tábuas de valores, ao dito infrator, ao dito destruidor..."

E Nietzsche complementa:

"Cada povo fala uma língua do bem e do mal que o seu vizinho não entende. Inventou sua própria língua para os seus costumes e as suas leis..." (p. 51 – Assim falou Zaratustra)

Discorrendo-se também sobre os diferentes nacionalismos, erguidos sob as faces dos diferentes Estados, com suas diferentes línguas do bem e do mal, escreveu Nietzsche:

"O Estado mente em todas as suas línguas do bem e do mal...; uma confusão de línguas do bem e do mal: é esse o sinal do Estado... O Estado é onde todos bebem veneno, os "bons e os maus"; onde todos se perdem a si mesmos, os "bons e os maus"; onde o lento suicídio de todos se chama vida..." (p. 51, 52)

Quando nos remetemos às lembranças das catástrofes e dos genocídios causados pelas diferentes guerras entre os diferentes povos ao longo da história da humanidade, entendemos que os diferentes "conhecimentos do bem e do mal" (diferentes culturas), além de não serem "sinônimos de ampla sabedoria", são também aquilo que, no sentido micro, cria psicopatas e, no macro, sociopatas potenciais.

Pense-se sobre o alto grau de sociopatia dos pilotos kamikazes japoneses que, em nome de suas verdades e nacionalismo, estiveram dispostos a tirar suas próprias vidas objetivando destruir os seus ditos inimigos. Pensemos também a respeito do mesmo grau de sociopatia dos EUA, enquanto Estado, ao lançarem duas bombas atômicas sobre Hiroshima e Nagasaki, matando civis, pessoas inocentes.

Essas duas nações (e muitas outras de vários continentes), sob as faces sombrias dos seus diferentes Estados com retóricas políticas nacionalistas (culturas do bem e do mal em vieses políticos), julgaram-se estar hiperconscientes quando, na verdade, encontravam-se sob efeitos alienados. Consequentemente, praticaram atos genocidas não somente contra os seus ditos inimigos, mas também contra si próprios, contra os seus, ao fazê-los crerem, por exemplo, que estavam agindo hiperconscientes, movidos por ampla sabedoria, instituindo-se aí, todavia, de forma catastrófica, a necrofilia como um valor: como a ética antiética dos "superdesumanos" no mundo capitalista contemporâneo.

XIV CAPÍTULO – OS MUROS CULTURAIS: AS DIFERENTES CULTURAS COMO MECANISMOS DE EXCLUSÃO E/OU DE DISTANCIAMENTO DO OUTRO E/OU DOS DIFERENTES

Nas sociedades capitalistas ocidentais contemporâneas, o Individualismo, com todas as suas mazelas, tem feito com que, no sentido macro, criem-se hierarquias e barreiras sociointerativas entre as diferentes culturas, os diferentes povos; e, no sentido micro, também com que as pessoas de diferentes culturas afastem-se cada vez mais umas das outras, criando-se barreiras, muros entre elas, tornando-se frágeis e muitas vezes mercantilizadas as relações.

Nessas sociedades, mesmo entre pessoas que, por laços de parentesco ou de amizade, deveria haver contatos físicos, como apertos de mão, abraços, demonstração de carinho, e etc., tudo, quando há diferenças socioeconômicas e/ou culturais, se resume, quando não se finge que não viu o outro, em interações apáticas, desprovidas de afetividade, como se existissem muros ou paredes entre elas. Essas barreiras ou muros se constroem e/ou se tornam visíveis quando, por exemplo, essas pessoas, devido a alguma circunstância cotidiana, encontram-se e, elas, umas para as outras, sem nenhum ou pouco contato físico, demonstração de afeto, simplesmente, de forma fria, apática, dizem:

1-Quanto tempo não te vejo;

2-Bom te ver;

3-Que alegria de encontrar;

4-Passa lá em casa;

5-Vê se aparece;

6-Você sumiu, hein!

Na verdade, esses pequenos exemplos traduzem e nos fazem pensar sobre como é que os valores Individualistas, presentes nas sociedades do capital, têm feito não somente com que as pessoas, ainda que de forma inconsciente, optem por trilharem caminhos competitivos no mundo do trabalho, mas também como é que elas estão caminhando para a construção de uma sociedade de solitários e/ou de ególatras.

O acesso à cultura (às culturas), ideologicamente confundido como sendo o mesmo que um processo de acesso à sabedoria e/ou um processo de acesso à educação que visa levar à humanização e à emancipação intelectual, é o que historicamente tem jogado os diferentes homens, pertencentes aos mais diferentes povos e nações, numa espécie de "egocentrismo infantil na fase adulta", não lhes dando, todavia, ao mesmo tempo, as condições de saírem dele. Isso ocorre porque os valores que as regem são impingidos nas suas psiques, tornando-se algo que passa a fazer parte das suas próprias identidades ou personalidades.

UNIDADE II
O QUE DE FATO É EDUCAÇÃO

XV CAPÍTULO – O QUE É EDUCAÇÃO (DIFERENTEMENTE DO MERO ACESSO À CULTURA) – PARTE I.

I

Immanuel Kant, no seu livro "Sobre a Pedagogia", escreveu:

> *"O homem é o único Ser que precisa de cuidados e de formação."*

Essa afirmação, ainda que alguns talvez desconheçam, hoje, alvorecer do séc. XXI, entre a maioria dos educadores e demais profissionais da educação, não passa, pode-se dizer, de uma conceituação "óbvia".

Todavia, não tiramos o mérito de Kant: em seu tempo é bem possível que muitos pensadores e/ou educadores tenham tentado "educar" outros animais, além do Ser homem, descobrindo-se, tempos mais tarde, tal qual Pavlov e outros, que os outros seres animais, diferentemente do homem, somente podem ser "adestrados", e não "formados".

O grande problema que Kant nos deixou foi outro. No mesmo livro, logo após a referida afirmação, escreveu-nos também ele: *"O homem é aquilo que a educação dele faz..."*

Segundo Kant, apesar de o homem nascer homo sapiens, a "educação", entendida por ele à época como sendo o mesmo que um processo de endoculturação e/ou socialização, era aquilo que tornava o homem um ser dito civilizado.

Portanto, sem "educação" (no sentido de socialização ou endoculturação como em Kant), o homem não seria capaz de superar a sua condição dita animalesca, instintiva ou primitiva.

Até aqui, dada a logicidade das ideias de Kant, e talvez levados também pela força alienadora do senso comum, que prediz que tudo aquilo que é lógico também é verdadeiro, quase não percebemos a problemática e, assim, não conseguimos também pensar criticamente sobre as suas ideias e/ou sobre a sua compreensão referente ao que de fato é a educação e/ou um processo educativo.

Segundo o que Kant compreende a respeito do que é e/ou deve ser a educação, e que não está oculto em seus axiomas, ela exerce e/ou deve exercer um poder externo e extremo sobre o Ser homem. Mas, frise-se, "não no sentido de libertação ou desenvolvimento da autonomia intelectual; e sim de pré-determinação ou formatação, tal qual uma espécie de segunda natureza..." Ou seja:

> "Como o poder de moldar e/ou formatar o homem no tipo específico de ser que, segundo valores e princípios pré-estabelecidos, sistematicamente objetiva-se transformá-lo."

Não resta-nos dúvidas de que Kant, assim como tantos outros pensadores do seu tempo, e também muitos outros ditos educadores nos dias de hoje, devido à formação com ausência de emancipação intelectual que sofreram, etc.), deram e/ou continuam dando ao termo "educação ou educar", os mesmos sentidos ou significados de endoculturação e/ou socialização, tratando-os como sinônimos.

Tais confusões e disparates, não somente na área da educação, em suas grandes maiorias, derivam também das crenças cientificamente infundadas que muitos antropólogos e sociólogos neoevolucionistas, desde as proposições de Charles Darwin, têm feito questão de difundir. Por exemplo, acredita-se, segundo os mesmos, que o ser homem somente evoluiu a partir da família dos grandes macacos (orangotango, chimpanzé, gorilas, etc.), porque, diferentemente de todos os outros seres, ele foi o único capaz de adquirir cultura, isto é, de ser moldado e/ou formatado. Muitos, fazendo a mesma confusão entre educação e endoculturação e/ou socialização, e sistematizando inclusive hierarquias as diferentes culturas onde os diferentes homens são endoculturados e/ou socializados, acreditam mais: que homens de culturas ditas bárbaras, primitivas ou pouco desenvolvidas, são inferiores aos de outras, etc.

As consequências foram e têm sido catastróficas, trágicas: sistematizados esses princípios absurdos de sinonimação dos termos "culturas, endoculturação e socialização" com o conceito educação, hoje, nas sociedades ocidentais capitalistas pós-modernas, tem existido também a hierarquização entre ditos diferentes modelos de cultura, endoculturação e/ou socialização. Essas hierarquizações, enquanto xenofobismo, têm servido, por meio da retórica conservadora das elites, não somente para justificar as desigualdades sociais entre grupos ou classes antagônicos, ditos sem cultura e/ou de culturas inferiores, mas também para criarem e hierarquizarem vários ditos tipos diferentes de seres humanos, uma vez que se considera, enquanto espécie, por meio delas, que todos os homens são iguais e descendem de uma mesma árvore genealógica, mas que, ao mesmo tempo, somente alguns deles possuem culturas e/ou socializações ditas evoluídas. Dando-se um exemplo mais didático:

> **"A mesma sociedade global que diz que todos os homens, enquanto espécie, são iguais (e inclusive perante a lei), diz também ou deixa ideologicamente subentendido que os povos de culturas Europeia e/ou Norte-Americana são mais evoluídos (e por isso mesmo também mais inteligentes, prósperos, abençoados etc.) do que aqueles de culturas Africana, Latino americana, Asiática."**

Nesse sentido, problematizando-se à questão, pergunta-se:

> **"Se o homem, segundo Kant, é aquilo que a "educação" dele faz, e se a mesma tem sido colocada como sinônimo de acesso à cultura, endoculturação e/ou socialização; e se tem existido também hierarquias entre as diferentes culturas como forma de justificarem-se as desigualdades sociais; e se os povos de cultura ditas mais evoluídas são aqueles que, historicamente exploraram e, ainda hoje, continuam a explorar os povos de outras culturas – julgando-as, inclusive, desprezíveis em relação às suas –, como se pode então dizer que esses mesmos homens de culturas eruditas, ditas superiores, sejam de fato "educados"?"**

II

Para nós, epistemologicamente fundamentados em axiomas de Nietzsche, Heidegger, Sartre e outros:

1 - "O homem, contrariando-se os postulados de Kant, não é aquilo que a "educação" dele faz, por estar compreendida e colocada esta (nas sociedades ocidentais capitalistas pós-modernas) no sentido de endoculturação e/ou socialização. E esse, para nós, frise-se: é um processo de alienação, onde o homem se torna um mero produto passivo deles;

2 - Um homem educado de fato, pensa-se aqui, é aquele que, muito além de socializado e/ou endoculturado, consciente da sua alienação e/ou desumanização, luta para fazer-se emancipado intelectualmente, ou seja, é aquele que, por uma necessidade vital e/ou existencial, nos sentidos de Heidegger e Sartre, busca um sentido para a sua existência (afirmando-se como o ser que é, resistindo a todas as opressões sociais que visam castrar a sua identidade);

3 - É também aquele que, por amor à vida e à arte, e/ou por vontade de potência, no sentido de Nietzsche, deliberadamente busca a sua própria superação enquanto Ser homem e espécie. Isto é:

"Que se constrói e reconstrói-se muito além de ter sido pelo sistema formatado, formado ou construído, ou seja, dito "educado", quando apenas endoculturado e/ou socializado..."

Em outras palavras, endoculturar e/ou socializar não é o mesmo que "educar", mas apenas formar e/ou formatar os indivíduos para maneiras particularistas, xenófobas, genocidas e/ou biocidas potenciais de ver, de sentir, de enxergar e se relacionar com o mundo.

Educar é criar meios e possibilidades para fazer com que o educando se emancipe e objetive construir criticamente a si mesmo, ainda que com o auxílio de um mestre ou educador.

Educar não pode mais ser encarado como o mesmo que "formar e/ou formatar" indivíduos, mas libertá-los das cadeias antipedagógicas das instituições ditas educativas, isto é, criar mecanismos para poder fazer com que os educandos, enquanto seres singulares, possam se tornar:

- Capazes de aprender a aprender;
- Subversivos intelectuais, autônomos e emancipados, no que se refere ao pensar, avaliar e agir;
- Tolerantes, respeitosos das diferenças;
- Humanizados, dotados de compaixão;
- Socialmente equitativos;
- Eticamente responsáveis;
- Politicamente participativos;
- Cosmopolitas – cidadãos do mundo, etc.

XVI CAPÍTULO – O QUE É EDUCAÇÃO (DIFERENTEMENTE DO MERO ACESSO À CULTURA) – PARTE II.

Educação, ao contrário de cultura, é aquilo que faz com que o homem deixe de ser, pela tomada de "consciência crítica de si e de mundo", um mero produto da sua cultura e, que, também, nesse sentido, abdique de colocar-se para os outros, para os diferentes de si, como um parâmetro, como um legislador, construtor e/ou produtor de "conhecimentos do bem e do mal".

Educação, ao contrário de cultura, é o que torna o homem um ser cosmopolita, subtraindo dele, pela tomada de consciência crítica de si e de mundo, todos os ranços de etnocentrismos, xenofobismos, apartheids, racismos, genocidismos, biocidismos, etc. Educação, ao contrário de cultura, é o que permite aos homens, pela tomada de consciência crítica de si e de mundo, poderem desenvolver em si a "Inocência dos sentidos", no sentido de Nietzsche, tornando-lhes:

1- Fraternos;
2- Dialógicos;
3- Tolerantes;
4- Socialmente equitativos;
5- Respeitosos das diferenças e/ou dos diferentes.
6- Capazes de aprender a aprender, de aprender a pensar além somente aprender-se pensamentos e/ou de se tornarem emancipados intelectualmente.

Educação, ao contrário de cultura, é o que deve unir os diferentes homens, pertencentes às diferentes culturas, na busca por um encontro dialógico entre os diferentes povos, movidos:

- Por relações de aprendizagens;
- Intercâmbios culturais;
- Parcerias na resolução dos problemas de exclusão social, dentro da chamada aldeia global.

Deve-se perguntar se, os animais ditos inferiores, pertencentes às diferentes espécies, caso fossem colocados e criados juntos, desde os primeiros anos de vida, deixariam de ser quem são, em suas naturezas, aprendendo, nesse processo de interação coercitiva, a serem, como cópias, iguais uns aos outros.

Deve-se perguntar ainda se, nesse mesmo processo de interação coercitiva, eles, esses diferentes animais ditos inferiores, tais quais os homens, quando guiados por hábitos e/ou costumes etnocêntricos, xenófobos, racistas e biocidas, característicos das diferentes culturas humanas, agredir-se-iam, violentar-se-iam ao ponto de causarem a morte deles mesmos enquanto grupo ou espécie.

Essa suposta experiência, obviamente, seria absurda, porque, como se sabe, segundo os neoevolucionistas, o homem é o único animal capaz de adquirir cultura. Nesse sentido, somente a cultura é também capaz de fazer com que os seres humanos, acreditando-se estarem hiperconscientes, possam agir sonâmbula e/ou ignorantemente, por meio de hábitos ou costumes, sob a coerção das suas diferentes línguas do bem e do mal, como se fossem atos ou exercícios de ampla sabedoria, fazendo-os, assim, na dita vida "civilizada", por meio de atitudes racistas, xenófobas, genocidas, individualistas, destruírem uns aos outros e, o pior: verem nisso um valor – o valor dos ditos vencedores, instituído como conteúdo ético de Estado nas sociedades capitalistas ocidentais contemporâneas.

Como bem salientou Jean-Jacques Rousseau, se a cultura de fato tem o poder intrínseco de transformar seres ditos primitivos e primatas, como creem os evolucionistas e os neoevolucionistas, ela também, ao contrário do que eles dizem, não foi a responsável por uma "evolução" do homem, e sim por uma "mutação", isto é, por uma corrosão e corrupção da sua alma, natureza e/ou caráter. Nesse sentido, indaga-se:

"O que há então de comum entre os ditos animais inferiores, em suas diferentes espécies, fora da cadeia alimentar, e as crianças que ainda não foram sistemática ou assistematicamente socializadas por meios das múltiplas e diversas culturas?"

"A Inocência dos sentidos." Logo, faz-se outra indagação:

"O que há em comum entre os homens de diferentes culturas, apesar deles pertencerem a mesma espécie (a dos "homo sapiens"), e os diferentes animas, fora das suas espécies (dentro da cadeia alimentar)?"

"A violência recíproca."

No caso dos ditos animais inferiores, dentro do da cadeia alimentar, ela é um mecanismo natural; mas, no caso dos homens, por meio das suas diferentes culturas:

1- Puros atos de crueldade; isto é:
2- Psicopatias e/ou sociopatias geradas por:
3- Etnocentrismos;
4- Xenofobias;
5- Racismos;
6- Individualismo, culminando-se, no sentido macro:
7- Em genocídios e/ou biocídios.

Frise-se:

"Os homens de diferentes culturas, quando falam uns com outros, são como mudos; e, quando ouvem, são como surdos."

Como também relata o livro de tradição judaico-cristã, o Criador de todas as coisas, seja Ele quem for, acredite quem quiser, alegando que os homens tinham se deixado corromper e, sendo assim, tendo se arrependido de tê-los criado, e consequentemente enviado também um dilúvio sobre a terra, somente salvou Noé, sua pequena família, e um casal de cada espécie de animais.

Pergunta-se: **"O que havia de comum entre Noé, sua pequena família e um par de cada uma das diferentes espécies animais?"**

"A inocência dos sentidos..."

As diferentes espécies animais, para sobreviverem, precisavam, formando-se uma cadeia alimentar, umas das outras. O homem é um dos poucos animais, senão o único que, deliberadamente, para sobrevier, se utiliza não somente dos animais das outras espécies, mas também dos da sua própria.

Quando se elimina uma das espécies, sabe-se que, consequentemente, extinguem-se algumas outras. Pois bem: O homem, todavia, é o único animal, ou um dos poucos que, se for extinto, enquanto espécie, não interferirá na sobrevivência de nenhuma outra na terra. Pensa-se que a "Inocência dos sentidos", no homem jovem ou adulto, dentro das sociedades ditas civilizadas, depois do trágico processo de corrosão do seu caráter por meio do acesso a uma específica cultura, somente pode ser resgatada de dois modos diferentes:

1- Pela tomada de "consciência crítica de si; e...
2- Pela tomada consciência crítica de mundo.

Ambas, porém, não se dão nas instituições ditas educativas e ideológicas dos Estados. Mas incorporando-se dialeticamente os valores humanistas, desenvolvendo-se, a partir daí, também a capacidade de aprender a aprender e/ou de aprender a pensar.

Há outros, entretanto (especialmente teólogos e filósofos cristãos), como kierkegaard, por exemplo, que dizem que a inocência dos sentidos pode também ser alcançada por meio da incorporação ou do alcance do "Estádio religioso", isto é, por meio do exercício ou da prática da fé, que significa, para o filósofo, uma espécie de salto no escuro: algo que transcende os valores dos Estádios estéticos e éticos, isto é, que, longe de serem conteúdos de verdade ou sabedoria, são pertencentes também aos valores paradoxais das mais diferentes culturas, geradores de desesperos, náuseas e/ou angústias nos seres humanos. Para Kierkegaard, sendo assim, o alcance do Estádio religioso faz com que o homem renuncie aos valores do mundo dito civilizado (culturais), fazendo com que ele volte-se para as premissas do amor pregado pela Bíblia, pautados em dois únicos princípios:

a- "Amar a Deus (o maior dos criadores) sobre todas as coisas; e também:

b- "Amar ao próximo como a si mesmo".

XVII CAPÍTULO - A FUNÇÃO SOCIAL DO PROFESSOR E DA ESCOLA EM TEMPOS DE OBSOLESCÊNCIA PROGRAMADA

I

Embora no séc. XX se tenha tido como paradigma emergente a concepção humanista existencialista estruturada sob a égide de que "se existe uma essência e/ou natureza humana, esta é e/ou deve ser encarada como a possibilidade de sua existência" (defendida por Jean-Paul Sartre, sustentada sob a premissa de que "o homem representa o nada, compreendido ele como uma espécie de projeto e que, por isso mesmo, só existe na medida em que o realiza"), o séc. XXI, todavia, coloca-nos diante de problemáticas tão e/ou mais complexas do que as postuladas pelo filósofo, tais como:

1- "Se toda consciência, devido à ideologia e ao caráter etnocêntrico das culturas, é consciência "de", como diz-nos Ernst Cassirer no seu livro "Ensaio sobre o Homem", e também o saudoso educador Paulo Freire, nos seus livros "Pedagogia da autonomia e Pedagogia do oprimido", pergunta-se:

A - *"Como pode então a consciência ser, mesmo que crítica, ainda hoje defendida como fundamento da liberdade apregoada pelo existencialismo de Sartre?"* E mais:

B - *"Em sociedades onde impera a ética capitalista e/ou onde todos os homens – enquanto seres sociais – são colocados como reféns das regras de consumo e/ou de mercado, pode de fato ainda existir uma concepção de liberdade ou democracia pautada numa suposta busca por uma igualdade política e/ou de condições para a participação nos assuntos da pólis?"*

Se a nossa função, enquanto educadores, é buscar construir um sentido para a instituição escolar e também para a prática educativa, há de se convir que o dinamismo e a complexidade das relações espaço-tempo do mundo pós-moderno ou contemporâneo têm tornado essa uma tarefa por demais complexa, difícil, uma vez que, embora desconheçam muitos, por vivermos imersos num processo de obsolescências programadas, ou seja, de ditas mudanças imutáveis (inovações constantes), já não podemos mais tirar conclusões estruturais e significativas do presente no próprio presente, mas, na grande maioria das vezes, somente quando ele já está ultrapassado. Em outras palavras, o problema central, nessa era pós-moderna, devido aos processos de obsolescência programada, é que parecemos viver num presente eterno e/ou infinito, sem tempo para tirarmos conclusões mais profundas ou estruturais das realidades e relações sociais, hiperdinâmicas que estão, por nós obsoletamente vividas e logo em seguida descartadas, por serem diuturnamente alimentadas pelas indústrias de consumo.

II

Nossas fontes estruturais de conhecimentos, tragicamente, estão secas, absorvidas pelo calor incessante das regras do mercado, que, de tempos em tempos, programáveis e reprogramáveis, através dos processos de inovação, têm levado essas sociedades do capital a mudarem sem de fato mudarem: mudam-se as embalagens dos produtos, os comerciais, as formas de consumo, de pagamento, etc., mas não mudam as estruturas sociais macro e microeconômicas políticas e/ou desiguais.

Sendo assim, não se tem aqui a pretensão de angariar respostas, mas apenas percorrer caminhos, visando podermos ampliar as nossas discussões por julgarmos como essenciais aos processos de busca pela compreensão das relações entre os ditos avanços antropológicos humanistas, que se referem à compreensão da condição humana, e, na mesma via, os ditos avanços tecnológicos. Sendo assim, pergunta-se:

Qual o sentido que deve ser dado à escola e/ou à educação diante das referidas

catástrofes sociais, humanas e epistemológicas que têm ocorrido no alvorecer do século XXI (provocadas diretamente pela sistematização dos valores capitalistas em conteúdos-éticos de Estado)?

Mais:

"Qual deve ser a função e/ou o sentido da educação e/ou da escola num período em que a descartabilidade dos objetos de consumo se tornaram análogas às relações sociais, culminando-se no surgimento de uma espécie de "era das tensões e do conflito", ou seja, de um tempo marcado por apartheids sociais, intelectuais, culturais, políticos, religiosos, ocasionados estes por xenofobismos, etnocentrismos e/ou formas particularistas de ver, de sentir, de ser, de pensar, de viver e de interagir com o mundo?"

III

Vive-se um tempo em que há fragilidades nas relações sociais, às quais se tornaram também de consumo, movidas por interesses, dissimuladas, antiéticas, na medida em que os seres humanos foram também transformados em objetos porque incapazes de reagirem, de forma autônoma, à coisificação, objetificação e mercantilizarão da própria vida.

Nessas sociedades capitalistas, há tempos as escolas têm se tornado, no sentido macrossocial, fábricas de mão de obra barata para formação de Exércitos de reservas (seres ditos qualificados) para o mercado de trabalho. Ou seja, as escolas, há tempos, e mais especificamente hoje, alvorecer do século XXI, funcionam como instâncias formadoras, formatadoras e/ou transformadoras de seres humanos em objetos ou peças descartáveis para o sistema produtivo capitalista, dadas às constantes mudanças imutáveis (obsolescência programada) instituídas.

Descartáveis porque, como mudam as políticas de renovação constantes dos produtos de consumos globais, mudam-se também as máquinas e as ditas "sabedorias" daqueles que precisaram operá-las.

A função social da escola, nessas sociedades, portanto, tem sido trágica, e por vários motivos, a saber:

1- A escola, além de estar constantemente formando mão de obra barata, está formando também seres autômatos e não autônomos;

2- A escola, além de formar mão de obra barata, tem formado também seres adestrados, memorizadores e internalizadores de informações que, nos dias de hoje, salvo raras exceções, logo são e/ou serão também descartadas;

3- A escola tem formado seres capazes somente de aprender pensamentos e não propriamente de aprenderem a pensar, de aprenderem a aprender;

4- A escola tem formado seres incapazes de poderem não somente acompanhar, de forma eficiente e eficaz, às referidas mudanças sociais sem diretamente dependerem dela (depois de dela saírem – formados ou não), mas de serem incapazes também de se libertarem dela, da própria escola, para poderem aprender, de forma independente, novos saberes e/ou conhecimentos;

5- A escola, há tempos, nessas sociedades, tem transformado aqueles que nela passam em seus escravos: em seres viciados nos ditos saberes que ela promete despejar em suas mentes a fim de dar-lhes a ilusão de que, de posse deles, eles estarão novamente qualificadas não somente para o mercado de trabalho, mas também para viverem num mundo de mudanças diuturnas e/ou de constantes incertezas;

6- A escola tem propagado a ideia de que é preciso estar sempre conectado nela, ainda que seja à distância, para não deixar de ser um ser útil à sociedade. Por exemplo, tem sido difundida à ideia de que, nos dias de hoje, é preciso estar sempre estudando (não discordo desse último argumento: discordo da ideia de que, os homens, da maneira autômata e não autônoma como eles têm sido por ela ainda hoje "formados/formatados", tenham que se tornar também eternos dependes dela, ou seja, dos saberes que, ela, de forma mecânica, tem se colocado a "ensinar").

A problemática central do alvorecer do séc. XXI reside no fato de que as relações espaço-tempo têm se tornado muito mais dinâmicas e/ou complexas, colocando-nos diante de processos de mudanças, muitas vezes radicais, e ao mesmo tempo imprevisíveis, que afetam sobremaneira os processos de construção e transmissão do conhecimento, impedindo-nos, assim, muitas vezes, de conseguirmos distinguir (do grande volume de informações veiculadas) aquilo que realmente é pertinente.

Nesse sentido, se existe de fato a possibilidade do desenvolvimento da consciência crítica, de forma efetiva e deliberada, ela tem se mostrado um processo difícil, uma vez que a obsolescência programada tem tornado os seres dessas mesmas sociedades também limitados (diante das complexidades existentes), isto é, autômatos, e não autônomos.

A escola de hoje, pensa-se aqui, além de não educar para o mercado de trabalho como há tempos faz, salvo em casos específicos, deve (por meio do seu corpo docente, métodos, valores, conteúdos, processos avaliativos, etc.):

- Buscar criar indivíduos que sejam pesquisadores desde o segundo seguimento do ensino fundamental, ou seja:
- Favorecer o desenvolvimento ou formação de seres autônomos, e não autômatos, capazes de aprenderem a aprender, de descobrirem novos conhecimentos, muito além do desenvolvimento das capacidades de assimilarem aqueles ditos saberes programáveis, por outros construídos, saberes estes que sempre se tornam obsoletos.

No que se refere especificamente ao desenvolvimento da consciência, todavia, não somos ingênuos, ou seja, pensamos diferente: a consciência crítica de si e de mundo, para nós, como está posta a escola há tempos e ainda hoje, não se dão somente nela, nem para os indivíduos ditos originados de grupos incluídos nem muito menos para os excluídos, mas por meio de um processo dialético-dialógico, fomentado pelos confrontos diários do sujeito diante das realidades hostis por ele diuturnamente vivenciadas. Em outras palavras, pensamos que o sujeito não se reduz e/ou não deve se reduzir à teoria e também que a teoria não se reduz e/ou não deve se reduzir ao sujeito. Se isso ocorre, em ambos os casos, o sujeito deixa de ser sujeito e se transmuta em objeto, ou seja, no primeiro caso:

1- Ele passa a ser formatado (dito formado) pela escola; e, no segundo:

2- Ele fica preso a formas paradigmáticas, unilaterais e ortodoxas de ver o mundo.

Nos dois casos, porém, frise-se:

> **"Ele se torna um Ser incapaz de ser um possuidor de ideias, tornando-se apenas um alienado e/ou fantoche possuído por elas (ideias), mas, ao mesmo tempo, crendo-se ou tendo a ilusão de estar onisciente, sábio ou hiperconsciente..."**

CONCLUSÃO

O PENSAMENTO EVOLUCIONISTA SOBRE A CULTURA

I

Nas sociedades capitalistas ocidentais contemporâneas, os processos de socialização fragmentários e/ou fragmentados[2] (xenófobos e etnocêntricos), com todas as suas mazelas, têm feito com que essas mesmas sociedades, no sentido macro, criem hierarquias, barreiras, muros e abismos sócio-interativos entre as diferentes culturas, os diferentes povos; e, no sentido micro, feito também com que os indivíduos de diferentes culturas afastem-se cada vez mais uns dos outros, criando-se hierarquias, barreiras, muros e abismos entre eles, tornando-se frágeis as relações de afeto, respeito, tolerância, fraternidade e, consequentemente, também de confiança. Esse tem sido o chamado paradoxo da globalização e/ou

---

[2] In: Donald Levine.

da ideia de aldeia global, em termos culturais, que não tem alcançado os mesmos "conformismos" da globalização dita econômica.

O acesso à cultura (às culturas), por meio dos processos de socialização (fragmentados ou fragmentários), fazendo-se a mesma, por meio da ideologia que está contida na indústria cultural, ser compreendida como o mesmo que sabedoria e/ou à educação, é o que tem jogado os homens numa espécie de egocentrismo infantil na fase adulta. Isto é, jogado os diferentes homens, pertencentes às diferentes culturas, numa espécie de "etnocentrismo sistematizado," dado que toda cultura é etnocêntrica, não lhes dando, todavia, ao mesmo tempo, condições de saírem dele, na medida em que os valores capitalistas e xenófobos que as regem (culturas) são também impingidos nas psiques dos indivíduos, passando a fazerem parte das suas identidades, tornando-os, assim, incapazes de tolerarem e/ou de respeitarem os diferentes e/ou às diferenças. Essa deformação humana, há tempos, tem ganhado caráter positivo nos discursos de cientistas e/ou antropólogos evolucionistas e neoevolucionistas.

Eles, por exemplo, frise-se, "ideologicamente confundindo o mero acesso à cultura com o mesmo que um processo educativo, ou seja, exaltando o caráter dito mágico e/ou magnífico da cultura (o de poder transformar os ditos povos primitivos e seres das famílias dos grandes primatas em homens ditos mais evoluídos e/ou "civilizados"), postulam que: "Se o homem não recebesse cultura, também não teria "evoluído": não teria conseguindo deixar de ser o animal irracional que traz em si...".

Para muitos deles, portanto, ideologicamente confundindo-se o acesso à cultura com o mesmo que um processo de educação:

> *"O acesso à cultura (erudita) é o que torna os homens ditos seres superiores não somente em relação a outros*

Por causa da aquisição de cultura, entendida como sinônimo de educação, os evolucionistas e neoevolucionistas postulam também que, os homens, diferentemente dos animais ditos inferiores, puderam se tornar "animais completos". Isto é, puderam se tornar seres capazes de, além de serem animais – fazendo-se uso da razão – construírem também cultura e, nesse sentido, construírem-se e reconstruírem-se também (a partir dela) por meio da inserção na dita vida "civilizada" (através dos processos formais ou sistemáticos de socialização).

A VISÃO CRÍTICA DE NIETZSCHE SOBRE A IDEIA DE CULTURA EM SEU SENTIDO EVOLUCIONISTA

I

Assim como Jean-Jacques Rousseau e muitos outros pensadores cético-relativos em relação às retóricas de caráter evolucionista-cultural, o filósofo alemão Friedrich Nietzsche (1844-1900), no seu livro "Assim falou Zaratustra", esboçando uma crítica radical e de conjunto sobre a cultura e sobre os valores da "vida dita civilizada" de sua época, escreveu:

> "Amo o bosque. É difícil viver nas cidades. Olhai esses homens. Os seus olhos o dizem (...). Eles têm lodo na alma. E coitado se o seu lodo possui inteligência... Se ao menos eles fossem animais completos! Mas, para ser animal completo, é preciso "inocência nos sentidos." (p. 55)

Talvez, nesse momento, esteja-se indagando: ora, mas se a cultura (culturas), segundo Nietzsche, ao contrário do que pensam evolucionistas (e neoevolucionistas), é essencialmente aquilo que, através dos processos formais de socialização, *"corrompe e/ou viola a inocência dos sentidos do homem"*, deveríamos, então, na tentativa de não mais violá-los (os sentidos do homem), não mais também socializá-los nas instituições "ditas educativas", a fim de purificá-los e/ou de não mais corrompê-los em seus sentidos?

Em outras palavras, dever-se-ia, sob a égide de uma posição ainda mais radical e extrema, por exemplo, pregar que devemos acabar com as ditas instituições "educativas", uma vez que são elas, através dos seus processos formais de socialização (fragmentados ou fragmentários) que deformam os homens, na medida em que os adestram ou formatam para serem incapazes de respeitarem e/ou tolerarem as diferenças, isto é: na medida em que os homens se tornam, também por meio dela (do acesso à cultura ou às culturas), seres xenófobos, individualistas, nacionalistas, genocidas e/ou biocidas potenciais?"

Dada à complexidade da temática, as respostas foram e, sem dúvidas, continuariam a ser controversas:

1- Os neoevolucionistas diriam que, os homens, sem uma cultura, seriam uma espécie de aberração: verdadeiros casos psiquiátricos;
2- Os antigos defensores do primitivismo iluminista diriam que, os homens, sem cultura, seriam tais quais os imaginados "bons selvagens" de Jean-Jacques Rousseau;

II

Nietzsche, entretanto, transparecendo ser o mais lúcido e complexo deles, referindo-se a esse mesmo caráter etnocêntrico e corrosivo, alcançados por meio da socialização dos homens, primeiramente, na tentativa de nos fazer refletir mais profundamente sobre a questão, no seu referido livro, apenas indaga-nos:

> "Por causa disso, vos aconselho que mateis os vossos sentidos?" (p. 55)

Em seguida, ele mesmo, ainda que para muitos soe como se estivesse sendo completamente utópico, responde-nos:

> "Não... não vos aconselho que mateis os vossos sentidos: aconselho-vos a <u>inocência dos sentidos</u>." (p. 55)

Em outro trecho, complementando, diz-nos Nietzsche ainda em relação ao homem dito endoculturado, socializado ou civilizado (por meio do acesso à cultura), *clarificando* o seu axioma anterior:

> "O que libertou o teu espírito necessita ainda purificar-se."

Na verdade, o que Nietzsche está-nos dizendo é que, o homem, tal qual o concebido por uma dada cultura, na vida dita civilizada, mesmo quando faz uso da sua inteligência, age etnocentricamente, ou seja, age simbolicamente, no sentido de Ernst Kassirer, tornando-se, assim, além de outras coisas, paradigmático, ortodoxo, ególatra e xenófobo (genocida e/ou biocida potencial). Ou seja: vive uma espécie de "egocentrismo infantil na fase adulta", corrompendo os seus sentidos e, sendo assim, passa também a utilizar a sua razão em prol de uma espécie de *arte racional da dissimulação*, tornando-se capaz, até mesmo, de se utilizar das suas emoções (de forma dissimuladamente racional) para poder fazer valer as suas vontades e/ou para poder conquistar seus objetivos (a qualquer preço), como se todos os seus fins justificassem todos os seus inescrupulosos e/ou corrompidos meios.

III

Para Nietzsche, faz-se importante ressaltar, "a inteligência, que se desenvolve por meio de processos educativos (que é diferente dos meros processos de socialização ou endoculturação) é aquilo que permite ao homem clarificar a própria vida, ser criativo, criador de sentidos", e não aquilo que o faz agir com relação a fins e objetivos, ou seja, por interesses, buscando-se sempre alcançar prévios resultados de suas ações.

A inteligência, para Nietzsche, portanto, é muito menos ainda aquilo que se resume no mero acesso à cultura, uma vez que esta, para ele, traduz-se apenas como o mesmo que **"bolotas do conhecimento"**, ou seja, **verdades ditas eternas e imutáveis**, conhecimentos ditos do bem e do mal, etc. que tornam os homens seres etnocêntricos, xenófobos, moralistas e, por isso mesmo, também genocidas e/ou biocidas potencias. Isto é:

1- Cegos para a compreensão das partes e do todo ao mesmo tempo;

2- Não possuidores de ideias, mas possuídos por elas, crendo-se, todavia, estarem hiperconscientes ou sábios, quando socializados ou endoculturados em seus ditos conhecimentos do bem e do mal (considerados eternos e imutáveis).

ANEXO

SOBRE A ANTROPOLOGIA FILOSÓFICA[3]

I

Nosso estudo está ancorado sob as bases epistemológicas da antropologia filosófica (ou filosofia antropológica).

"Mas o que é ou vem ser a mesma?" Em síntese, pode-se dizer que é a antropologia encarada de forma ontológica, ou seja, uma parte da filosofia que estuda e/ou investiga a estrutura essencial do Homem. O homem, sendo assim, ocupa o centro de toda a especulação:

1- Tudo se deduz a partir dele;

---

[3] 1- A Posição do Homem no Cosmos – Max Scheler. 2- Filosofia da cultura – Ernst Cassirer. Antropologia Filosófica (Essay on Man) - Ernst Cassirer.3- Evolução do pensamento: Schelling - filosofia da vida – Nietzsche, Helmut Plessner, Arnold Gehlen Fenomenologia Scheller (formula de modo explícito o tema antropológico como tal Filosofia da Existência).

2- É a partir dele que se tornam acessíveis os estudos das realidades que o transcendem e/ou que delas ele faz parte.

Vale ressaltar, todavia, que a antropologia filosófica é uma antropologia de essências; e não das características humanas. Ela se distingue, por exemplo, das antropologias mítica, poética, teológica e científica ou evolucionista (exatamente por buscar uma interpretação ou compreensão ontológica do ser homem).

Segundo Bernard Grothysen, a antropologia filosófica é a **"É a reflexão sobre nós próprios: a reflexão sempre renovada que o homem faz para chegar a compreender-se...".** Em outras palavras, é a filosofia (investigação ontológica) que está centrada no estudo das estruturas fundamentais do homem, buscando o significado do Ser:

1- O homem torna-se, para si mesmo, o tema de toda a especulação filosófica;

2- Interessa-se por estudar o homem e tudo o mais apenas em relação a ele;

3- O que é mais significativo é o conhecimento do homem; e não o de nós próprios enquanto individualidade;

4- Estuda o caráter biopsicológico do homem;
ou seja, busca verificar o que o homem faz
com suas disposições bioquímicas que possa
diferenciá-lo de outros animais;

5- Tece-se, por meio dela (Antropologia
filosófica), reflexões sobre a vida, a religião,
etc.;

7- A introspecção, para ela, se revela como
sendo absolutamente necessária, isto é, não
somente como fundamento, mas também
como ponto de partida de qualquer outro
recurso de natureza metodológica.

Vale ressaltar, entretanto, que a antropologia
filosófica faz uso também dos dados
proporcionados pelas outras formas de
antropologia, tais quais, por exemplo, aqueles
fornecidos pela "Antropologia das características
humanas" (biologia, sociologia, psicologia,
etnografia, arqueologia e história), mas, ao mesmo
tempo, interpreta esses dados à sua maneira,
procurando unificá-los numa teoria abrangente.

II – AS CONTRIBUIÇÕES DE KANT

Immanuel Kant certa vez definiu a antropologia como "A questão filosófica por excelência", uma vez que a filosofia tomaria ao seu encargo quatro grandes problemáticas: a metafísica, a ética, a religião e a antropologia, considerando que todas as três primeiras não seriam senão partes da última, pois todas elas remetem, em análise, ao problema do humano.

Ou seja, por meio da Antropologia filosófica:

1- Coloca-se o problema do homem no próprio homem;

2- Questiona-se o lugar ocupado pela função racional do homem em comparação a outras funções.

Kant, nesse sentido, propôs quatro problemas fundamentais:

1- "O que podemos conhecer?";

2- "O que devemos fazer?";

3- "A que podemos aspirar?"; e...

4- "O que é o homem?".

Sendo, este último, de natureza não somente filosófica, mas também antropológica.

III – RELAÇÕES ENTRE A ANTROPOLOGIA FILOSÓFICA E A EDUCAÇÃO

I

As relações entre a antropologia filosófica e a educação estão corporificadas exatamente aí:

> "Somente ao desvendar-se o que é; o que está e/ou o que tem sido o homem (Natureza humana e Condição humana), é que se pode também especular sobre o que ele, esse mesmo homem, sob perspectivas pedagógicas:
>
> 1- Deve ou não vir a conhecer;
>
> 2- Deve ou não ser e/ou vir a ser;
>
> 3- Deve ou não fazer e/ou vir a fazer..."

DAS PREMISSAS

Os homens, principalmente nas sociedades ocidentais capitalistas pós-modernas, onde existem diferentes problematizações acerca da ideia de aldeia global, tornaram-se e/ou têm se tornado reféns e/ou escravos de suas diferentes culturas. Ou seja:

"Tornaram-se e/ou têm se tornado xenófobos e/ou etnocêntricos por alienada convicção, ao fazerem-se, por exemplo, incapazes de tolerarem ou respeitarem às diferenças e, nesse sentido, também genocidas e/ou biocidas potenciais."

tese (livro) procura demonstrar como é que a aquisição de cultura e/ou culturas (socialização, endoculturação e/ou catequização, etc.), ideologicamente confundida ou pré-concebida historicamente como o mesmo que um processo de educação, em suas diferentes facetas, em seus diferentes povos, tem feito com que os diferentes homens, ao incorporarem-nas, incorporem também diferentes símbolos representativos da realidade, diferentes valores, princípios, canalizando corrosivamente os seus sentidos para somente poderem enxergar como sendo dito bons, verdadeiros, valorosos e/ou virtuosos, aquilo que as suas próprias culturas julgam como tal.

BIBLIOGRAFIA DE ANTROPOLOGIA SOCIAL

BEALS, Alan. Antropologia cultural. México/Buenos Aires, Centro Regional de Ayuda Técnica, 1971.

BENEDCT, Ruth. O crisântemo e a espada. São Paulo, 1971, perspectiva.

GEERTZ, Clifford. A transição para a humanidade. In Sol Tax (org.), Panorama da Antropologia, 1966. Rio de janeiro, fundo de cultura.

BOURDIEU, Pierre. Razões práticas. 4. Ed. Campinas: Papirus, 1996.

KEESING, Felix. Antropologia cultural, Rio de janeiro, 1961. Fundo de cultura.

KROEBER, Alfred. "O superorgânico", in Donald Pierson (org.), estudos de organização social. São Paulo, 1949, livraria Martins editora.

LARAIA, Roque de Barros. Cultura: um conceito antropológico. 18º. Ed. Rio de Janeiro. Jorge Zahar Editor, 2005.

LÉVI-STRAUSS, Claude. O pensamento selvagem. São Paulo, Cia. Editora Nacional, 1976.

LOCK, John. Ensaio acerca do entendimento humano. Coleção os pensadores, São Paulo, Abril Cultural.

MERCIER, Paul. História da antropologia. Rio de Janeiro, Civilização Brasileira, 1977.

SAHLINS, Marshall. A cultura e o meio ambiente: o estudo de ecologia cultural, in Sol Tax (org.) Panorama da Antropologia. Rio de janeiro, Fundo de Cultura.

_ Cultura e razão prática. Rio de Janeiro, Zahar Editor.

VELHO, Gilberto e VIVEIROS DE CASTRO, Eduardo. "O conceito de cultura e o estudo das sociedades complexas". Cadernos de Cultura. USU (Universidade Santa Úrsula), ano 2, nº 2, Rio de Janeiro, 1980.

BIBLIOGRAFIA DE FILOSOFIA, POLÍTICA E EDUCAÇÃO

APPLE, M. Educação e poder. Porto Alegre: Artes Médicas, 1989.

BOURDIEU, P. A reprodução. Rio de janeiro: F. Alves, 1975.

COLEÇÃO OS PENSADORES: relativos ao pensamento de Aristóteles, Sartre entre outros.

COSTA, Cleberson. Emancipados & Medíocres. Rio de janeiro. Amazon.com, 2012.

COSTA, Cleberson. A complexidade do óbvio. Rio de janeiro. Clube de Autores, 2012.

DELORS, Jacques. A educação para o século XXI: questões e perspectivas. Porto Alegre. Artmed, 2005.

FREIRE, Paulo. Pedagogia da autonomia. São Paulo. Paz e Terra, 1996.

FRIGOTTO, Gaudêncio. Educação e Crise do Capitalismo Real. São Paulo: Cortez, 1996.

GENTILI, P. & FRIGOTTO, G. (ORGs). A Cidadania Negada: políticas de exclusão na educação e no trabalho. São Paulo, Cortez, 2002.

BIBLIOGRAFIA HANNAH ARENDT E OUTROS

ARENDT, Hannah (1949): Origens do totalitarismo.

ARENDT, Hannah (1950): O que é política?

ARENDT, Hannah (1957): A crise na educação.

ARENDT, Hannah (1958): A condição humana.

ARENDT, Hannah (1961): Entre o passado e o futuro (excertos).

ARENDT, Hannah (1971-78): A vida do espírito.

ARENDT, Hannah (2000): The portable Hannah Arendt.

ARENDT, Hannah (1977): Lectures on Kant's political philosophy.

ARENDT, Hannah (1958): The human condition.

ARENDT, Hannah (1963): Sulla rivoluzione.

SAVIANI, Dermeval. Escola e Democracia. São Paulo. Cortez, 1998.

MORIN, E. Os sete saberes necessários à educação do futuro. São Paulo. Cortez; BRASÍLIA: UNESCO, 2001.

RANCIÈRE, Jacques. O mestre ignorante: cinco lições sobre emancipação intelectual. Belo Horizonte: Autêntica, 2002.

BIBLIOGRAFIA BÁSICA DE FILOSOFIA

BOBBIO, Norberto ET al. Dicionário de Política. Trad. Luiz guerreiro Pinto Cacais et al. Brasília, Ed. Universidade de Brasília, 1986.

BOBBIO, Norberto. O conceito de sociedade civil. Rio de Janeiro, 1995.

BOCHENSK, Innocentius Marie. A filosofia contemporânea ocidental. Trad., coord., e rev. Alfredo Bosi. São Paulo, Mestre Jou, 1982.

CHÂTELET, François, dir. História da Filosofia – ideias, doutrinas. Rio de janeiro, Zahar, 1981. 8v.

FOULQUIÉ, Paul. O existencialismo. Trad. J. Guinsburg. 3ª ed. São Paulo – Rio de Janeiro, Difel, 1975.

MOUNIER, Emmanuel. Introdução aos existencialismos. Trad. João Bénard da Costa. São Paulo, livraria duas cidades, 1963.

OS PENSADORES. São Paulo, Abril cultural. Coleção da qual foram utilizados os volumes: Aristóteles, Heidegger, Kant, Locke, Marx, Sartre, Descartes e Francis Bacon.